В СЕМЬЕ РОДИЛСЯ АНГЕЛ ИЛИ ПУТЬ ГОРЕВАНИЯ

В СЕМЬЕ РОДИЛСЯ АНГЕЛ ИЛИ ПУТЬ ГОРЕВАНИЯ

ТАНЯ ГЕНДАЛЬФ

I

ВВОДНОЕ СЛОВО

Мне бы хотелось написать пару слов как появилась эта книга. Мой папа был военным врачом хирургом. Тема медицины постоянно шла лейтмотивом моего детства и юношества пока я жила с родителями. Я думала что раз мы в космос полетели, то и медицина продвинулась очень далеко. Вот такая у меня иллюзия была. И вот когда родился мой сын, то я не верила, что врачи могут не понимать чем он болен, что с ним, понятия не имели ни о прогнозах ни о статистике. У меня в голове не укладывалось что такое возможно.

Еще я столкнулась с табуированной темой в нашем обществе. Это рождение особенного ребенка и также детской смерти. Я была очень наивной, не знала, что существует младенческая реанимация, что детская смертность - это отнюдь не единичное явление. Когда родился мой ребенок, то я была в шоке, что это только в нашей семье такое горе. А когда сын умер, то казалось, что только у нас умер ребенок. Ни у кого из знакомых или в семье не было потери ребенка. Это казалось ошибкой, какой-то ошибкой. Почему мы? Почему мой сын? Почему в моей семье? Мы самые несчастные на всём белом свете. Ни у кого такого не было.

Меня подруга пригласила в фейсбук группу "Сердце открыто" для мам, которые потеряли своих детей. И я поняла, что я не одна, нас много таких мам с пустыми руками и разбитыми душами. Мамы, которые проходят ад на земле, с ними произошло то, чего боится любой родитель. Мамы, которые пережили своего ребенка, и не важно сколько ему было когда он ушел. Они навсегда его мамы, а он навсегда их сын или дочь. Когда я поднимала болезненные для меня темы, такие как повторная травматизация обществом, семьей, друзьями, оказалось, что несмотря на то, что мы все говорим на разных языках, что мы из разных стран, но эти темы для нас - общие.

У нас в обществе не умеют сочувствовать, поддержать и ничего не знают про горевание. Потеряны традиции, которые были в прошлом. Мы умеем поздравлять с праздниками, но не можем найти слов поддержки, а наоборот говорим такое, от чего бедный родитель получает новую травму и еще больше уходит в свое горе. И самое интересное, что делаем мы это от доброты душевной. Получается как всегда - догнать и причинить добро или хотел как лучше, а получилось как всегда.

Так появилась идея этой книги. У книги несколько миссий. Первая - это показать родителям, семье, которая потеряли детей, что они не одни, нас очень, очень много, и мы выжили и живем, мы расскажем честно как у нас все происходило, чтобы вы понимали как проходит процесс горевания. Это как путешествие, в котором есть вершины и определенные участки, такие как шок, поиск виноватых, гнев, депрессия. Об этом мы подробнее поговорим в главах книги.

Вторая миссия - это ответить на вопросы тех, кто хочет научиться поддерживать. Что стоит говорить, а что нет. Что может дать поддержку, а что выбивает почву под ногами. Являясь администратором и модератором группы "Сердце открыто", очень часто мне приходят просьбы добавить в группу тех, кто сам не пережил потерю ребенка, но хочет понять как поддержать. Но у нас правило, что в группе только мамы, которые сами потеряли ребенка.

Мне приходилось отказывать таким людям, говорить им, что есть много информации в сети,. которая им может помочь. Но они отвечали, что не могут ничего найти, что бы им подошло.

Я и сама, когда искала материалы была удивлена, что очень мало есть литературы про потерю ребенка, про проживание горя. Особенно, если человек не находится ни в какой религии или традиции. Поэтому хочется, чтобы эта книга была таким справочником поддержки. И если хоть одному человеку эта книга поможет, я буду рада, что такая огромная работа над книгой не прошла даром.

Недавно я услышала такую фразу, что для того чтобы помочь другому человеку прожить его травму, надо самому обгореть и выжить. То есть настоящая искренняя помощь может прийти от того человека, кто сам пережил потерю и смог выкарабкаться на ту точку, с которой и не падает сам и может еще кого- то держать. И это очень ценно. Так работают программы анонимных алкоголиков и наркоманов. Человек, который не пьет уже год, очень понимает того, кто держится третий день. Ведь тот кому просто не пить не может сказать тому, кто борется с зависимостью: "Да, ерунда, я не пью и ты сможешь". НЕ ВЕРЮ! Иди ты в сад со своим пониманием и мнимой поддержкой! В теории много можно объяснить и разложить по полочкам, но не найти ключ к боли и пути другого.

Как и в "Властелине колец" Гендальф Серый перерождается в Гендальфа Белого, так и я чувствую что прошла очень серьезную трансформацию. Я обгорела и выжила. Я могу говорить о смерти. Я знаю о чем я говорю. Не в теории, а каждой клеточкой своего тела. Я знаю что такое ад. Настоящий, горячий, обжигающий. Я там была, у меня ожоги по всему телу. Но я выжила. И я говорю всем, кому сейчас больно, это - не навсегда. Все проходит в этом мире. Ожоги останутся, это как наша внутренняя карта, как знак - я там был. Но волна горя будет реже сбивать с ног. Для этого надо проживать боль кусочками, чтобы не подавиться. Быть рядом с теми, кто обгорел, но выжил. Они смогут подать вам руку и быть этим деревом, куда можно забраться, когда все стены, пол и потолок рушатся на глазах. И посылать всех умников в сад, тех, кто догоняют и причиняют добро.

И тогда в середине зимы можно будет увидеть новые ростки любви, надежды и веры в то, что с болью можно жить по соседству.

Огромная благодарность мамам, которые смогли открыть свое сердце и поделиться своими историями. Благодарю Веру за колоссальную помощь. Вера не только талантливый редактор, но и генератор идей, моя правая рука, поддержка и опора. Вера также перевела с английского и написала главу про пять стадии горя по модели Кюблер-Росс, помогла развернуть мои идеи, тем что добавляла дополнительные моменты для рассмотрения и раскрывала мысль. Благодарю изумительного иллюстратора обложки Ольгу Каттел www.oladesign.ca.

Я обнимаю каждого и каждую из вас кто сейчас находится на пути проживания горя.

Таня Гендальф, Ванкувер, Канада

Когда мы потеряли первого малыша, это было огромное горе, потрясение, не только для меня, но и для моего мужа. А потом он признался, что когда говорил своим друзьям о потере, многие из них признавались, да, у нас тоже было, мы тоже потеряли первенца, у нас был выкидыш. "Это какой-то секретный клуб родителей, которые потеряли ребенка", - сказал он мне.

А когда в нашей семье случилась вторая потеря, вокруг нас образовался вакуум. Люди просто не знали, что говорить. Или иногда говорили такое... Приходилось собирать все оставшиеся силы, чтобы сохранить лицо, оправдывать их слова тем, что они просто не знают, как реагировать.

И, конечно, это табуирование. Как-будто ничего не было. Как

будто дети умирают не тут на Земле, порой в том же родильном отделении, где рождаются новые дети, где родились их братишка или сестренка, а на какой-то другой планете. Тема потери детей - это такая страшная тема, что люди просто закрываются, как -будто этого не существует.

У этой книги есть и еще одна важная роль - дать место тем детям, которые ушли. Да, их нет сейчас рядом, но они остаются частью семьи, они связаны с мамами невидимыми узами. Если даже малыш ушел, даже в самом раннем возрасте, мама все равно остается мамой.

Для меня основным осознанием после потерь было то, что смерть - это часть жизни. Пусть эта книга хоть немного поможет кому-то пережить потерю и поддержать кого-то в горе.

Я очень благодарна Татьяне за возможность оказать помощь в создании этой книги. Я мама трех дочек и двух ангелов. Пусть Танина книга как фонарь осветит путь тех, кто переживает потерю, путь к другой, новой себе.

Вера Менкарини, Оттава, Канада

2

ПРОЖИВАНИЕ ГОРЯ

Пять стадии горя. Модель Кюблер-Росс.

Шведский психиатр, Элизабет Кюблер-Росс еще в 1969 году опубликовала свою книгу "О смерти и умирании", где она впервые упомянула пять стадий проживания горя.

Они включают в себя:

Отрицание

Гнев

Торг

Депрессию

Принятие

Эту модель Кюблер-Росс основывала на своей работе с неизлечимо больными пациентами, ее работы получила огромное количество критики. Большей частью потому, что многие люди, которые знакомились с этой моделью воспринимали ее как нечто конечное, что это и есть особенный специфический порядок, как именно должно проходить проживание горя, что все люди проходят через все эти стадии и именно в таком порядке.

Сама автор отмечает, что эти стадии совсем не линейные, некоторые люди вообще могут не испытывать ни одной из этих стадий. Другие могут пройти две стадии или все пять, одну стадию или три. Скорее, идея была в том, что такие стадии наблюдаются у большинства людей, проживающих горе.

Пять стадий переживания горя - это своего рода дорожная карта. Когда боль от потери запредельна, человек хочет знать, сколько это продлится, станет ли легче? Что со мной будет? Пять стадий дают такую опору. Ты читаешь и узнаешь себя.

Пять стадий включают:

Шок и отрицание

Новости о потере ребенка настолько ошеломляющие, что мать отрицает их, она просто немеет. Вся жизнь обрушивается, многие мамы описывают свои ощущения от того, когда они узнали о смерти ребенка как "небеса обрушились", "земля ушла из под ног".

Кажется, что это какая-то ошибка, это не о моем ребенке. На этой стадии человек живет не в этой реальности, а в какой-то другой выдуманной, в той реальности, где новостей о потере нет, где ребенок все еще жив, а это все какая-то страшная шутка или ошибка. С точки зрения психологии такое отрицание и шок помогают человеку справиться со страшными новостями и пережить потерю. Отрицание - это своего рода задержка, вместо того, чтобы быть раздавленным горем, человек отрицает, не принимает его и получается своего рода отложенное, дозированное осознание правды. Люди говорят, что трудно сконцентрироваться, кажется, что сходишь с ума. В то же время в обществе принято, чтобы человек "держался", что жизнь продолжается. От этого человек в горе испытывает вину, ему стыдно, что она или он не могут контролировать свои эмоции.

С точки зрения поддержки - лучше в этот момент не оставлять человека одного. Он не может адекватно воспринимать реальность, может пойти куда-то, переходить дорогу в задумчивости, не обращая внимания на машины. Горе в этот момент настолько оглушающее, что все чувства притупляются.

Гнев.

Когда отрицание и шок начинают угасать, считается, что начинается процесс исцеления. В этот момент, все негативные чувства, которые до этого сдерживались - вырываются на поверхность. "Почему я?" "Почему мой ребенок?" Огромный, всепоглощающий гнев, злость на всех, включая себя, отца или мать ребенка, родственников, порой и самого ребенка, окружающих, Бога. "Где этот Бог? Почему он допустил, что мой ребенок умер?" Очень много гнева на окружающих, почему они не переживают горе, как я, почему они рассказывают о своих проблемах, у меня горе, никто так не страдает как я. Начинаются поиски виновных. что послужило виной потере - это тоже своего рода способ уменьшить боль.

С точки зрения психологии - это очень важная стадия проживания горя. Есть методики, которые поощряют гнев - сходить покричать, побить посуду, подушки. По началу может казаться, что это просто нескончаемый поток гнева, но если давать себе разрешение, давать себе возможность его прожить и прочувствовать и выпустить, выплеснуть все наружу, со временем он потускнеет, иссякнет.

В обычной жизни мы подавляем гнев, подавляем негативные эмоции, нас учат "держать лицо". Когда проживаешь потерю, пропадает чувство заземления, такое ощущение, что ты все время куда-то падаешь, тебе не за что держаться. На этой стадии гнев - это своего рода клей, который соединяет горюющего с реальностью. Обрушивается жесточайшее одиночество. Вакуум. Рядом никого нет. Если в этот момент человек испытывает гнев к кому-то или к чему-то - это своего рода связь с реальностью. И это что-то, за что можно держаться в этом бесконечном падении в горе.

Когда человек находится на этой стадии, обычно окружающие, либо злятся на него, либо им уже надоела вся ситуация, они просто хотят продолжить жизнь. Пытаешься помочь, но ничего не помогает. Как правильно поддержать горюющего - сказать искренне, что вы чувствуете, не игнорировать человека, если вы пытаетесь отстраниться, эта дистанция, еще больше изолирует человека и усугубляет страдание.

Торг

Стадия торга и поиска компромисса особенно знакома матерям, когда цепляешься за каждую мимолетную надежду. "Только бы с моими ребенком все было хорошо, только бы он выздоровел, только бы это все было ошибкой, я все сделаю...." Эта стадия - тоже своего рода уход от реальности, ты начинаешь верить, что можешь избежать горя, заключив сделку с судьбой. Так хочется вернуть все как было раньше, что готова пойти на все для этого, только бы мой малыш жил. На этой стадии человека в горе преследует вина и бесконечные мысли о том, "что было бы если бы...", "если бы я вернулась с работы раньше", "если бы я пошла на проверку раньше", "если бы мы попали к другому врачу...", "если бы я береглась во время беременности". "Если бы, если бы"...

Эта та самая стадия, когда появляются ритуалы. Это тоже попытка вернуть чувство контроля и нормальности. Но, пожалуй, главная задача этой стадии - осознать, что ничто не может вернуть ту жизнь, которая была "до".

Депрессия

Депрессия широко ассоциируется в обществе с горем. Тоска - это реализация, что ребенка больше не вернуть. Человек чувствует отделение от жизни, не ощущает себя, "бесчувствие", человек живет в тумане, нет сил жить, встать с кровати. Не хочешь общаться с другими, не хочешь ни с кем говорить, не хочешь выходить из дома, мир кажется слишком шумным, слишком живым, по сравнению с горем, которое ты переживаешь. Полное ощущение тотальной безнадежности. Запредельная боль и тоска. На этой стадии могут появляться суицидальные мысли. Жизнь просто теряет свой смысл.

Это самая длинная стадия, может длиться год, а то и больше.

человек очень сильно отстраняется, при этом может продолжать работать и выполнять все дела, как обычно, но чувствуется, что все происходит на автомате. Все потому, что вся энергия уже использована, словно ты отходишь от операции. Самое трудно осознать, что у тебя нет привилегий в жизни, ты можешь потерять любимого человека в любой момент. Приходит осознание, что ничто не заменит эту потерю.

Это трудное время для всех и для того, кто в горе и для того, кто рядом. Все уже устали от горевания, а процесс все еще продолжается. Люди в окружении могут почувствовать беспомощность, когда ничего не помогает, может появиться желание отстраниться.

Поскольку эта стадия - довольно длительная по времени, а в нашем обществе - не принято долго горевать, получается, что чаще всего помощь приходит от профессиональных психологов. Чем дальше от события, тем больше ожидается, что человек продолжит нормальный образ жизни и на горевание начинают смотреть косо. После 3-6 месяцев, ожидается, что уже пора бы вернуться к жизни, а после года не так много людей из окружения помнят о потере. Считается, что после переезда только через три года человек начинает ощущать себя на новом месте как дома, что уж говорить о потере ребенка.

Принятие

Это последняя стадия, которую выделила Кюблер-Росс. На этой стадии эмоции стабилизируются. Человек приходит в какое-то равновесие. Возвращается в реальность. Начинает жить в этой новой реальности. В мире после потери, где уже нет ребенка. Нет, это не то самое сказочное "и они жили долго и счастливо", это - новая реальность, где есть хорошие дни и плохие дни. Но со временем хороших дней становится больше.

Нет, боль от потери ребенка не исчезает. Я потеряла двоих. Я хорошо и лично знакома с болью и смертью. Смерть была во мне.

Дважды. Боль никуда не уходит. Время не лечит боль, несмотря на знаменитую поговорку. Время всего лишь притупляет боль. Ты опять ходишь на работу, общаешься с друзьями, даже смеешься, ты радуешься первым цветам, а может, даже у тебя появится другой ребенок. Но это не будет замещением. Это будет с осознанием того, что никто и ничто не заменит потерю, погружения в боль все равно будут, но по моим ощущениям, это своего рода дно, погружаясь и отталкиваясь от которого, ты идешь вверх, к новой реальности, к новой себе.

Люди, которые не испытывают этих стадий или испытывают не все или не в том порядке, могут подумать, что они, если можно так выразиться, горюют "неправильно". Нет неправильного способа прожить горе. Каждый, каждая проживает его так, как может, проживает, переживает, пережевывает по кусочку это горе. Еще один час, еще один шаг, еще один день.

Вера

3

ТАНЯ И САША

За перевалом - ще один перевал
А, здавалося, все мине
Тільки той, хто в житті щось знав
Вибрав чомусь мене
Так, це боляче, так, все живе болить
Хоч ховайся в усі світи
Але я пам'ятаю мить
Як мені посміхнувся ти
І в бездонній своїй журбі
У безодні своїх печер
Моє сонце завжди в тобі
Моє світло — це ти тепер
Я все знаю. Тепер це так
Моя річка безмежно плине
Уві сні, чи мрії?, уже однак
Ми з тобою завжди щасливі..
Вірш-присвята, але для іншомовної дівчини.
  За перевалом еще один перевал,
А казалось, что пройден Тибр

В СЕМЬЕ РОДИЛСЯ АНГЕЛ ИЛИ ПУТЬ ГОРЕВАНИЯ

Тот, который о жизни знал,
Он меня почему-то выбрал.
Больно так, что нельзя дышать,
А пески ненадежно зыбки,
Я вернуть бы хотела вспять
Просто тень от твоей улыбки.
Я в угарном своем дыму
Вглубь бездонных своих пещер
Ты мою разгоняешь тьму
Мое солнце в тебе теперь
Я все знаю. Уже вовек
Наполнять мои воды дождем
Среди всех, мне приснившихся рек
Есть одна - там где мы вдвоем..

Автор Ирина Мельник
Посвящается Саше

Расскажите коротко про себя

Наша семья живет в Ванкувере, в Канаде. Саша мой третий сын, когда он родился, старшим мальчикам было 5 и почти 9. Мы были тогда обычная семья иммигрантов, которая 4 года назад приехала из Израиля.

Саша родился

Во время беременности у меня обнаружили полное предлежание

плаценты, а это риск кровотечения и потери - и ребенка, и собственной жизни. После 18 недель я была на сохранении дома. В Канаде, в отличии от других стран, почти не лежат в больнице, особенно на сохранении. Меня всю беременность пугали, что могу умереть, но при этом твердили, что с сыном все в порядке, главное не родить раньше срока.

Я дотянула до 38 недели, плацента не подвинулась, поэтому было запланированное кесарево. До операции меня пугали, что не смогут остановить кровотечение и придется удалять матку и делать переливание крови. Я говорила мужу, чтоб спасали ребенка, муж говорил врачам, чтоб спасали меня. На удивление врачей кесарево прошло у меня отлично, сын заплакал, ему дали апгар 9, поздравили нас и отправили меня отходить от наркоза. У меня наркоз не отходил больше 9 часов, а у сына нашли жидкость в легких, что, в принципе, не редко у кесарят, поэтому за ним наблюдали врачи.

Я, наверное, что-то почувствовала, дико хотела увидеть сына, но пока наркоз не отошел, не могла сесть в инвалидное кресло. Через несколько часов ко мне в палату пришел врач и сказал, что у сына отсутствуют рефлексы сосания, глотания и отрыжки. Мы с мужем даже не поняли, о чем он говорит, таких слов на английском не знали. А когда поняли, то решили, что это не страшно, это ж не сердце и не мозг, - это можно вылечить.

Ох, не знали мы тогда, что у нас поменялась вся наша жизнь. Сына перевезли на скорой помощи в центральную детскую больницу, его ввели в кому для подключения ИВЛ. Меня перевезли в женскую больницу в том же здании на другой скорой. Муж уехал отвезти старших детей от одних друзей к другим.

Когда меня привезли в мою больницу, а потом на инвалидном кресле в реанимацию к сыну, и когда я увидела его всего в проводах и трубках, то это был полный шок.

А потом у нас начался ад. Сын периодически задыхался, от него не отходила медсестра ни на секунду, а часто и сразу две медсестры были с ним.

Врачи ничего не говорили, главврач нас избегал. Когда мы ловили врача, он нам говорил, что нужно сделать разные проверки, они не понимают, что с сыном.

Я запомню свою выписку навсегда. Я была с Сашей, так мы назвали младшего сына, когда пришел врач, чтобы проверить его слух и сказал, что сын - глухой. Муж поехал за старшими детьми. Потом пришел другой врач и проверил Саше зрение, и сказал, что он - слепой.

Я убежала в комнату сцеживать молоко и рыдать в голос. Я была тогда еще в палате одна. И тут позвонил муж и сказал, что его только что уволили. Я думала, что это небеса упали на нас, но я еще не представляла, что будет через пару часов.

Старшие дети скучали, а потом и совсем устали к вечеру. Нам надо было ехать домой, а у малыша была проблема с едой. Его кормили моим молоком через трубку, через нос в желудок, а в желудке еда не задерживалась, она шла в легкие.

Вызвали врача, которая решила, что через желудок ему есть опасно и надо трубку в кишечник проводить. Мы стояли с мужем посередине детской реанимации, время было около 11 ночи, поэтому других родителей почти не было, только куча медперсонала. И вот врач поворачивается к нам и говорит, что в Канаде врачи бояться сказать свое мнение, так как если ошибутся, то можно их засудить, поэтому нам никто не скажет что с сыном. Но у нее многолетний опыт, и она видела такие случаи, как у нашего сына. Она сказала что МРТ, которое назначено на завтра, ничего не покажет, и что наш Саша скоро умрет. Я начала рыдать, муж тоже.

Домой мы ехали в полном шоке, и то только потому, что нам надо было туда ехать. Дети затихли на заднем сидении, видимо почувствовали, что надо молчать. Муж по ошибке выехал на противоположную полосу. Мы остановили машину, подышали, и поехали. Я верю, что нас тогда окружали ангелы. Как мы остались живы, я до сих пор не знаю.

Я смотрела из окна машины на улицу, все было как в кино. Я пять дней была взаперти в больнице без окон, у меня небеса упали на голову. Я смотрела на людей, которые гуляли в Ванкувере летним вечерком с собаками. Я не понимала где они и где я. Как-будто проживала какую-то театральную постановку. Все казалось нереальным.

Дома дети пошли спать, а мы спать не могли. Я плакала, тряслось все тело, я и не спала, но и не была в полном сознании. Ночью я написала соседке, что у нас все плохо. Утром вышло солнце, это был прекрасный августовский денек. Август - это лучший месяц в Ванкувере, а мне казалось, что это худший день. Мы сели с мужем на кровати, и возник вопрос: а как дальше жить? И вдруг звонок в дверь. Пришла соседка и принесла нам яичницу, а также сказала, что заберет детей к себе. Мы поели, у нас появились силы, и мы уехали в реанимацию. Я благодарна своей соседке, она удивительный человек, мой ангел, она еще не раз нам очень поможет.

Вся ситуация с Сашей была шоком, и каждое слово и действие врачей, медперсонала, друзей и отсутствие семьи выбивала очередной кирпичик из нашей мостовой, по которой мы шли.

Я чувствовала, что мне надо ходить очень аккуратно, так как кирпичей, по которым можно ступать, становилось все меньше, а вокруг пропасть, в которую я периодически падала, и мне занимало неимоверно много времени и сил и энергии чтобы опять вернуться наверх, на мою очень скудную, опасную, всю в дырах, но тем не менее какую-то дорожку.

У мужа на один огромный кирпич было меньше чем у меня, он потерял работу и понимал, что в таком состояние, в котором находимся мы, он не сможет найти новую, а по счетам надо платить.

Я тоже это понимала, но мое все внимание было сосредоточено на Саше.

Что с Сашей?

В то время Саша лежал в инкубаторе в огромной комнате с другими детьми. Можно было отгородиться занавеской, но Сашка был совсем нестабилен, поэтому она была постоянно убрана. Я видела всю комнату, динамику в ней, и не понимала, где я нахожусь.

Почти у всех в реанимации были недоношенные дети, родители каждый день следили за графиками, они знали сегодня был хороший день - все идет по плану или не очень хорошо. В основном все были довольны прогрессом и активно и весело это обсуждали между собой.

Ко всем приходили семьями, поддерживали и очень много смеялись. Я же одна сидела у инкубатора сына и рыдала. Я чувствовала себя одной во всем мире. Я не понимала как так возможно, что современная медицина понятия не имеет, что с моим сыном. Кстати, другие врачи мне сказали, что не поддерживают мнения того доктора, которая сказала, что наш малыш умрет. Позитивные врачи, медсестры.

Еще у нас были "трудности перевода" с английского. Как я говорила, мы не так давно тогда приехали и с английским были на вы. Врачи говорили "funny movement" на приступ эпилепсии, имея ввиду странные движения. А я не понимала что там такого веселого. Еще мне часто говорили " I am so sorry", имея ввиду что им жаль что у нас какое горе. Я же понимала что они извиняются, только не понимала за что.

В Канаде, а у нас в провинции в особенности, очень принято "be nice" - быть очень приятным в общение, улыбаться много, держать дистанцию между людьми и физически и морально. Свои эмоции показывать не принято, как у англичан. Запрещено ругаться. Только покажи свое недовольство, или подними немного голос, так вызовут охрану.

Мы - бывшие израильтяне, там совсем другая ментальность. Люди с горячим менталитетом, все говорят в лицо, и претензии, и любовь, всегда есть человеческий фактор. Могут сказать прямо что они про тебя думают. Но, с другой стороны, могут выйти из ситуации очень по-человечески, и сделать что-то не по сценарию, помочь чем могут.

У нас была именно такая ментальность. И из-за разницы в менталитетах было еще тяжелее в разы. Я хочу подчеркнуть, что я ни в коем случае не осуждаю, какая ментальность лучше или хуже, я рассказываю это как факт. Столкнулись две противоположные ментальности. Мы познакомились с врачами из Израиля, которые приехали на практику в Канаду. Они совсем по другому с нами говорили, те, которые были в Канаде недавно, очень пытались помочь. А те, которые давно тут уже тут - переняли канадский менталитет. Говорили очень вежливо, с огромным уважением, но по минимуму, сухо, как по написанным правилам, шаг влево и вправо - расстрел. Вернее, у них действительно есть процедуры, что и как говорить с родителем.

Однажды у нас был один случай, который вообще наш шокировал. Саше сделали МРТ, который показал множественные пораженные участки мозга. Врачи не знали по какой причине, невролог сказал, что обязательно надо сделать повторный МРТ на третий или четвертый день, уже не помню какой точно, это и не важно для истории. Главное, что надо было повторить на какой-то определенный день. Позже и раньше нельзя.

Врачи назначали Саше МРТ несколько раз, и каждый раз отменяли в последний момент. При этом ребенок не мог ничего есть, то есть на голодный желудок. И вот его не кормят часов пять, а потом отменяют, и так 4 раза. Пятый раз был запланирован на 6 утра.

Утром я позвонила в реанимацию и спросила у его медсестры как прошла проверка, и медсестра мне заявила в шутку, с улыбкой, что мол, представляешь, опять отменили.

Мне было не смешно совсем, я была в шоке, так мы теряем такое драгоценное время, опоздают, МРТ уже ничего не даст. Дома все спали, поэтому я очень тихо, почти шепотом, сказала, что это не смешно. Медсестра мне что-то грубо ответила, чуть трубку не бросила. Тогда мы поехали в больницу разбираться на месте. Когда мы приехали, я пошла сцеживать молоко, а когда вернулась увидела взбешенного мужа.

Оказалось, что к нам приходила социальный работник и хотела поговорить и с ним и со мной, но так как я сцеживала молоко, решили поговорить только с ним. Она ему заявила, что я накричала на медсестру, и если мы будем грубо себя вести с медперсоналом, то нас выгонят из реанимации, мы не сможем навещать Сашу. Муж обалдел, так как слышал меня, когда я разговаривала. Как я сказала раньше, дома все спали, и я говорила очень тихо. Я была недовольна, но не оскорбляла никого, не кричала, не повышала ни на кого голоса. В Израиле такое правило, что если не наорешь, то ничего не получишь. Но надо было сильно наорать. А тут даже голоса не подняла, а они нас пугают.

Мы были в полном шоке, мы не понимали, как себя культурно вести, у нас голова была другим забита, а тут эта напасть на ровном месте. Мое счастье, что меня не было на том разговоре, так как я б скорее всего сказала все, что про них думаю. Я даже поговорила со своей канадкой соседкой, спросила, как себя вести в больнице. Она сказала, чтобы я не заморачивалась, настаивала на своем, если нужно защитить права моего ребенка. И на самом деле мне даже с моим нулевым английским пришлось стать адвокатом моему ребенку. И врачи и медсестры меня уважали, даже социальный работник со мной стала считаться. Но это я уже забегаю вперед.

Еще до этого у нас был другой инцидент с социальным работником. Мы обратились к ней за срочной помощью. она обещала нам помочь. Но вместо этого просто ушла домой, не сказав нам ни слова. Потом я говорила с другими мамами, и они очень на нее жаловались. У нее была привычка, она заходила ко мне в палату и спрашивала как поживает моя дочь. Во-первых, я мама 3 сыновей, дочки у меня нет. Ну не помнишь кто у меня, скажи baby (малыш или малышка). Во-вторых, она видит заплаканного родителя, спрашивает как дела. Ей отвечают не очень, она разворачивается и уходит. То есть она совсем не знала как разговаривать с родителями в стрессе. Послушав других родителей, как их расстаивает такое поведение социального работника, я, со своим минимальным английским, пошла с ней поговорить. Попросила не спрашивать как дела, если она видит что родителю плохо. Она поблагодарила меня, и перестала так себя вести. От нее помощи было мало, но зато и боли она тоже перестала наносить. В ее случае было лучше чтобы она вообще ничего не спрашивала, так как не знала как реагировать. Потом другие родители были благодарны мне, что я с ней поговорила. Обратите внимание, я не говорю, что если вы видите, что человеку плохо, то пройдите мимо. Совсем нет. В книге я подробно говорю что помогает и что нет. Мне очень хочется, чтобы эту книгу прочли те, кто работает с людьми в травме. Очень важно знать как и что говорить, чтобы не наносить дополнительной боли. Я помню как с Сашей работала физиотерапевт, она постоянно спрашивала меня взгляд изнутри, и была благодарна за то что я с ней делюсь. Ей была важна вся информация, которой я делилась, чтобы не травмировать еще больше. И я была ей за это благодарна. Я вижу нужность всем специалистам, кто работает с человеком в травме, изучать как, что и когда говорить и делать. Мне бы очень хотелось верить, что эта книга сможет помочь.

Попозже сменились врачи и вместо того главрача, который нас избегал, пришел тот, который вел себя по-другому. Однажды я держала Сашу на руках как вдруг, он посинел. Я дико испугалась, мгновенно запищали его датчики в течение секунды возле меня появились врачи и медсестры. Они схватили Сашу, положили его в кровать, отодвинули меня подальше и стали его реанимировать. Подсоединили его к ИВЛ. После этого ко мне подошел главврач и сказал, чтобы я не волновалась, Саша жив. После этого меня прорвало. Я убежала сцеживать молоко. Это было мое место где я могла рыдать. Обычно никого там не было, а даже если и была то одна женщина за занавеской. Комната была небольшая. И мы там рыдали, я часто слышала других мам, и часто убегала рыдать туда сама. Сцеживала и рыдала под звуки машины. Поэтому плач не был так слышен. Когда же я вернулась, то врач сказал что надо у Саши взять немного спинномозговой жидкости для проверки. Я дико боялась саму проверку. Это так страшно когда делают твоему малышу. А потом случилось то, после чего я очень зауважала этого врача, и мое впечатление от персонала больницы очень изменилось. Врач позвонил по телефону, и я сышала как он сказал :" Мне все равно где вы сейчас, у меня умирает ребенок, вы мне нужны прямо сейчас." Прямо сказал, совсем не по-канадски. Я посмотрела на него и подумала, мы для него не просто номер. Он очень хочет помочь Саше. И в скором времени к Саше пришли 2 специалиста по генетике и метаболике. Она шишка по генетике. Нарядная, на каблуках, пахла очень вкусными духами, с макияжем. Он в костюме. Видимо они приехали с какого-то важного мероприятия. По-моему, это были длинные выходные. Саша постоянно нам устраивал "веселую" жизнь на все праздники, дни рождения, Новые годы, и так далее. Я в какой-то момент уже даже боялась подумать про какой-то праздник. Так вот наш главврач сказал им, что необходимо что-то делать. Срочно. Генетик сказала что они уже послали проверки Саши в лучшую клинику в Бостон и сейчас ждут ответа, который может занять около 3 месяцев. Главврач сказал, что у нас нет столько времени. Тогда она ответила что заполнит формы, которые она отправит на разрешение на дополнительную субсидию. Так как тест очень дорогой. Уже через пару дней нам пришел положительный ответ, что деньги есть. Тест был отправлен заново, но уже по скорой дороге. Проверку крови сдали мы с мужем и детьми, проверяли всех нас. Мои старшие мальчики очень боялись сдавать кровь. Но если старший согласился что это для брата надо и сделал, а мой средний сын тоже согласился, но ему было всего 5 лет, он очень боялся. Плакал, но дал руку для брата. Постоянно повторял: "Это надо моему братику. Я смогу." Медсестры, кто берет кровь в Детской больнице волшебницы, как они умеют отвлечь ребенка и взять кровь безболезненно. Горжусь своими сыновьями. Забегу вперед, и скажу что результаты пришли очень быстро как и сказали, 6 недель. Но как мы не надеялись понять что происходит, не смогли. Тест был чистым, Ни у Саши, ни у детей, ни у нас не было никаких генетических поломок. Результат спинномозговой жидкости тоже вернулся негативным, это был не менингит. У Саши не было ни одной страшной болезни на которую проверяли врачи. Это был вирус обычного гриппа. Сейчас во время пандемии, грипп уже не кажется таким простым. Но в том далеком 2015 это был просто грипп. То что меня успоило немного. Так как Саша был заразным для других деток, его перевели в изоляцию, в отдельную комнату. После этого в общей палате Саша уже не лежал. Я познакомилась с миром мам детей, которые в реанимации уже не один год. Это уже другая история. Мы не были те, кто в большой комнате недоношенных детей, которые скоро поедут домой. Мы были мамы сложных детей. Мамы. которые месяцами приходят в реанимацию как на работу. Я смогла найти себе общение на моей волне. Я до сих пор иногда общаюсь с этими мамами. Их дети живут, несмотря на многочисленные диагнозы, несмотря на то как я сама видела что не раз останавливалось сердце, несмотря на то, что врачи не давали им шансов.

Из Израиля прилетела бабушка, а через месяц уехала и после нее прилетел дедушка, чтобы помочь со старшими детьми. Я сцеживала молоко, которого было очень мало, донорское сыну не давали, так как оно было только для недоношенных деток.

Сашин МРТ мозга показал мелкие поражения в базальных ганглиях. Это как автобусная станция, к которой все сигналы идут и от нее. И поражения были везде. Наш малыш не видел и не слышал, не мог сосать и глотать, не было отрыжки, кашля, задыхался собственной слюной, был постоянно подключен к кислороду, к машине, которая кормила его через кишечник и к монитору, который постоянно пищал. Падал кислород, поднимался пульс, надо было постоянно отсасывать ему слюну. Мышцы его тела не работали. Но врачи говорили, что у младенцев в мозгу могут возникнуть другие пути, которые смогут обойти пораженные отрезки мозга. А может, это мы хватались за эту маленькую надежду.

Одни неврологи предполагали, что возможно у него был инсульт за неделю до родов, он не умер, но мозг повредился. Другие говорили, что если это был инсульт, то была б другая картина на МРТ.

Я все же рвалась забрать Сашу в Израиль, или найти специалиста в другой стране. Но он был не стабильный, транспортировать его на ИВЛ врачи не рекомендовали. Да и в Ванкуверской больнице было много израильских специалистов, которые говорили все в голос, что здесь отличные врачи и оборудование, лучшая в Британской Колумбии и Юкона, самые сложные случаи переправляют на вертолетах к ним. Израильские врачи приезжали туда перенимать опыт. Да и как искать специалиста, если не было диагноза.

В реанимации не было окон, мы приезжали рано утром и уезжали поздно вечером, не видели дневного света. Уже потом через несколько месяцев я буду заставлять себя ходить в другую часть больницы, чтобы просто постоять у окна хоть минут 5. Я чувствовала что это необходимо. Кстати через пару лет полностью перестроили реанимацию, это уже было новейшее здание с множеством личных палат с окнами, где можно было при желании родителям заночевать.

Сашина соседка по палате

Но вернемся немного назад, кода Саша еще был в общей палате. Однажды, где-то примерно через месяц, когда как обычно я сидела зареванная у инкубатора сына, а вокруг все улыбались и были очень позитивны, а я чувствовала, что я чужая на этом празднике жизни, рядом с Сашей привезли и положили девочку, доношенную, как Сашка. Она тоже была вся в трубках. И рядом шел ее отец. Он сел рядом с дочерью и стал плакать. Я очень удивилась, что я не одна реву. Я даже перестала чувствовать себя самой несчастной в мире. Тут рядом была сильная боль. Это было в первый раз с тех пор как свалились на нас небеса месяц назад, как я заметила, что я не одна в горе.

Потом к малышке подошли хирурги и забрали ее на операцию. Я подумала их хоть на операцию везут, сейчас все исправят, и девочка поедет домой. А у нас врачи не знают, что с Сашей вообще.

Но после операции пришел отец и горько плакал и молился. Я даже была за него рада, что ему хоть есть кому молиться. Он верит в Бога, есть кого просить. А у меня Бога нет, какой Бог может допустить, чтобы мой сын был при смерти. Я хорошая мама, я хороший человек, я всегда стараюсь всем помочь, никому зла не делаю. Как он допускает, что у мам, которым дети не нужны, ребенок выживает, а мой вымоленный за 5 лет малыш вообще непонятно будет ли жить завтра. Потом я узнала, что часто во время горя кажется что ты самый несчастный, что у всех все хорошо, только тебя судьба кувалдой по голове шарашит. Это, конечно, абсолютная неправда. В мире очень много горя и боли, только многие держат ее в себе.

К девочке пришла семья, папа, еще две дочки, мама и их родня. Я смотрела на них как в зеркало. У них две дочки возраста моих сыновей, и наши младшие дети лежат рядом, и видно что оба очень тяжелых. Мама приходила реже папы, она почти не говорила на английском, папа говорил немного. И я решила его поддержать, разговорилась с ним, рассказала про Сашу. А он рассказал про дочку. Она родилась с каким-то очень редким заболеванием. Максимум врачи дают ей 18 лет жизни, но она мало, что сможет сама, ей нужна огромная поддержка, чтобы поддерживать в ней жизнь, врачи настаивали чтобы родители позволили ей уйти.

Я тогда подумала какой ужасный выбор стоит перед ними. Я очень сочувствовала этой семье. И у них начался ад, а мы коснулись его, так как постоянно с ними общались. Сначала отец принял решение отпустить, мать была против, когда же мать больше не могла видеть мучения дочери, отец не мог решиться. Нам дали какую-то православную иконку, я привезла ему тоже. А он дал мне какую-то католическую. Я до сих пор их храню в память о той семье.

Я помню тот день, когда родители решили отпустить дочку. Тогда Сашка уже был в изоляции. А их дочке дали отдельную комнату недалеко от нашей, чтобы они могли попрощаться. Я не могла найти себе в место в нашей комнате, зная, что происходит в соседней, но меня как раз позвали, учили как работать с Сашиным оборудованием. Когда я вышла из нашей комнаты, рядом с комнатой девочки стояли толпы людей, у них свои протоколы, кто должен присутствовать в таких случаях. Они показались мне воронами и стервятниками. Я даже была рада, что меня не было рядом, что я была на занятии. Когда я вернулась, родителей не было.

Потом через пару дней мы встретились в реанимации с папой девочки, он приехал поблагодарить нас за поддержку. Я потом долго их вспоминала. Они для меня урок, что не важно в каком сейчас ужасном состоянии ты находишься, всегда есть ситуации хуже, поэтому, если у нас есть возможность поддержать другого, то надо это сделать.

Правда в какой-то момент, я задумалась, а не доставляем ли мы Сашке боль тем, что силой держим в этом мире. Имеем ли мы вообще такое право. В Канаде это решение на родителях, в России - на врачах. Я часто слышу жалобы девочек, что врачи не дали им возможности как-то повлиять, выгоняли их из реанимации, не пускали к ребенку. В Канаде другой перегиб: решения должны были всегда принимать мы с мужем. А если они не правильные, то потом же можно себя съесть изнутри за него. А так как одним из периодов проживания горя - это чувство вины, то муки обеспечены бедным родителям. Не знаю, существуют ли страны, где родители с врачами принимают общее решение. А было бы очень хорошо. Или это утопия?

Экспериментальное лекарство

Ни одни лекарства не помогали снять спазмы Сашиного тела, их побочка была увеличенное слюновыделение, которое очень мешало дыханию, так как Саша не мог глотать. Я даже представить себе не могла какое это сложное движение глотание, сосание. Мы делаем это на автомате, не задумываясь. А на самом деле там работает множество мышц, которые должны слажено выполнять сложное действие. В больницу вызвали узкого специалиста. Он предложил попробовать лекарство, которое используют взрослые пациенты при болезни Паркинсон. Он сам давал это лекарство пятилетнему мальчику. Он нашел врача в Европе, который давал полуторогодовалому малышу.

Саше в то время было полтора месяца. Врач не знал как отреагирует такой малыш на лекарство, какую дозу можно дать. Это был первый случай во всем мире. То есть, это был эксперимент. И мы с мужем согласились. У нас на одной чаше весов была смерть, на другой - пропасть с закрытыми глазами, мы не знали, как он отреагирует на лекарство. Вообще самое ужасное- это было принимать какое-то решение, потому что если оно ошибочное, то не простишь себе никогда. Тяжело когда решение принимают врачи, но, поверьте мне, что когда сам должен решать да еще и не за себя -это в разы тяжелее.

Когда то так умерла сестра моего отца, ей дали экспериментальное лекарство. Ей было около двадцати и у нее остался сын полтора года. Поэтому мне было страшно. НО! О чудо, лекарство помогло. Я знаю, что потом его стали использовать и на других малышах в реанимации, благодаря нашему Саше.

Саша был в реанимации пять с половиной месяцев. Мы каждый день час- полтора ехали к нему в больницу, и час-полтора обратно. Потом стали приезжать чтоб не во время пробок, но все равно в дороге были около 2 часов в день. Пока бабушка, а потом дедушка помогали с детьми, мы ездили вдвоем, а потом один был дома с детьми, другой ездил. То что мужа тогда уволили, нам в конце очень помогло. Денег нам более менее хватало чтобы выжить, так как фирма заплатила увольнительные, а потом было пособие по безработице. Но с другой стороны, это очень беспокоило мужа, так как найти работу в его состоянии было нереально сложно. Мы выживали, не жили.

Каждый день как последний

Каждый день в больнице была Санта Барбара. Когда мы уезжали домой, то не знали, увидимся ли мы с Сашей опять. Пару раз его вытаскивали с того света. Он то был на ИВЛ, то снимали. Ему было очень плохо, врачи говорили прощаться с ним, мы прощались, а он очухивался. И это было ни раз, и не два. Мы постоянно держали его на руках, тормошили чтобы дышал, он был с капельницей и трубками, поэтому по несколько часов сидели не шелохнувшись, чтоб трубки не выпали. Меняли друг друга с мужем.

А еще врачи постоянно с нами советовались, как будто мы врачи, специализирующиеся на мозге. Меня это дико злило, но с другой стороны, мы были постоянно с ним, поэтому знали его лучше всех. Я очень хотела прекратить ездить домой, а остаться с Сашей, но в больнице не было такой опции. Домой мы приезжали только спать.

В один из дней, я привезла из дома слинг и завязала Сашу на себе. Медсестры в начале были против, но, увидив как я ловко его завязываю, успокоились. Нам даже сшили сумку для монитора. Тогда он не был подключен к кислороду постоянно, только к еде и монитору. Я одевала все на себя, медсестра несла сумку если нужно отсосать слюну, и мы ходили по больнице. Время было предрождественское. В больнице все украшено, елка, огонечки. Я чувствовала себя как-будто у меня выросли крылья. Я могла ходить с сыном вместе. Я не привязана к его кровати. Я говорила вместо " Бонд, Джеймс Бонд.- Мама. NICU Мама. " (NICU- это неонатальная реанимация.)

Однажды, перед тем как полностью нас выпустить из реанимации, нам предложили забрать Сашу на выходные домой, посмотреть как будет дома. Это было прямо перед Новым годом, мы были на седьмом небе от счастья. Но не тут-то было. Нам дали с собой не те шприцы, нам надо было для трубок, чтоб лекарство дать, а нам дали для капельниц, там другой носик. Не сказали, что пульсометр реагирует на свет, и надо на него одевать носок, иначе он будет постоянно пищать. Дали недостаточно лекарств. Из-за того, что пульсометр постоянно пищал, мы не могли от Саши отойди, у него постоянно падал кислород, кто-то должен был с ним находиться. Через пару суток мы чуть не сошли с ума. Мы привезли его в больницу и честно сказали, что так не возможно, без помощи медсестры так долго не протянуть. Не говоря о том, что были еще дети и домашние обязанности, которые невозможно было не делать.

Медперсонал встретил нас с интересом, всем было любопытно, как у нас прошли выходные, они понимали, что это нереальная задача для семьи. Сашка был нестабилен, подключен к разным аппаратам, ему постоянно надо было отсасывать слюну, тормошить, когда падал сердечный сигнал, менять еду, на которой он был 22 часа в день, лекарства - каждые несколько часов. Мыть шприцы и его оборудование. А когда моешь, не можешь от него отойти. Короче, кошмар и ад.

Я сидела в реанимации и перечитывала: "Радикальное прощение" Типпинга. И к нам зашла новая социальный работник, которая сказала, что нам поможет. Имея отрицательный опыт с больничным социальным работником, мы ее с мужем проигнорировали. Думали, что от нее как и от предыдущей дождаться чего-либо - как с козла молока.

Нам сделали встречу с новым социальным работником, врачами, и организацией которая предоставляет медсестер. Сначала врачи сказали с большой опаской, что не знают, будет ли Саша когда-то ходить. Сейчас-то я понимаю что это было само собой разумеется, но они как всегда боялись говорить о каких-то прогнозах. Потом врач из хосписа стала спрашивать, какой у нас план, надо ли реанимировать Сашу, если ему будет плохо. На этом месте я видимо побледнела, и новая социальный работник это заметила, она сделала замечание врачу, что сейчас не место и не время это обсуждать. И я ее зауважала. Кто-то встал на нашу сторону, а я почувствовала поддержку. Будет с нее толк, подумала я.

Потом встала женщина из организации, которая нанимает медсестер и сказала, что ее поздно предупредили, что Сашу выписывают домой, медсестер у нее для нас нет, и когда они будут, она не знает. Я смотрела на все происходящее, как в кинозале из своего кресла на экран. Как-будто, это все происходит не со мной, какой-то глупо написанный сценарий дешевого фильма ужаса. Я встала после ее слов и спокойно сказала, что наше собрание закончилось. Утром деньги - вечером стулья, вечером деньги - утром стулья. Или их языком: будет медсестра - мы поедем домой, не будет - он остается в реанимации, а денег она стоит не мало, так что для вашей же пользы найдите способ нас отправить домой. Я была так спокойна, что удивилась сама. На меня отреагировали очень серьезно, хотя по-английски я говорила слабо и все силы отдавала на то, чтобы их понять.

И вскоре медсестер нам дали, мы поехали домой, правда начались отмены, то одна не может, то другая, то медсестра паникует, боится с ним одна оставаться, то еще что-то, мне заняло больше года составить команду тех, кто работал с Сашей. Это была еще та задачка. Мне пришлось быть очень настырной, чтобы получить помощь, но при этом оставаться дружелюбной, ни в коем проценте не агрессивной. В Советском союзе можно было дать взятку, в Израиле устроить скандал, а в Канаде ни один из этих способов не работал. Тут нужно было быть деликатным и положительным, но при этом давить и знать куда давить.

Домашняя реанимация

После 5.5 месяцев в реанимации, Сашу выписали из больницы в нашу домашнюю реанимацию. Нам предстояло построить новую рутину. В Канаде нет мест где могут жить тяжелобольные дети. В России такие нестабильные дети остаются в больницах, в Израиле есть специальные хостели, где ребенок живет, а родители его навещают, в Канаде дети живут в семье в родной или приемной. Если ребенок находится в семье, то можно получить все нужное оборудование на дом, такое как: кислород, пульсометр, машина для отсасывание слюны, машина для капельной еды в кишечник. Государство дает оборудование, лекарства и медсестер. Конечно, как и везде, сплошная экономия на ресурсах. И частенько надо стоять чуть ли не на смерть, чтобы получить помощь, которая красиво написана на бумаге, но в реале от нее только рожки и ножки.

По ночам к нам приходила медсестра, а днем я сидела с Сашей на руках. Его невозможно было оставить ни на секунду 24 часа в сутки. Часто я терпела по несколько часов, чтобы хотя бы отлучиться в туалет. Муж вышел на новую работу, я осталась одна с детьми. Я не могла ни отводить детей в школу, ни забирать из нее. Я перебрала множество вариантов, как это сделать, в конце концов мой девятилетний сын водил пятилетнего в школу и домой. Хотя по канадским законам до 12 лет нельзя. Я говорила с социальным работником, искала варианты, как они могут мне помочь в этом вопросе, так что она была в курсе, школа тоже. Благо, жили мы рядом со школой, в хорошем районе, так что было безопасно.

Я стала реанимационной медсестрой для Саши, меня обучали еще в больнице как пользоваться всеми его приборами, как подсоединять трубки, как кормить через машину, как давать лекарства, как реанимировать и так далее. Кроме этого я была его секретарем, я общалась в основном по электронной почте с телефона, который лежал рядом со мной. Мне надо было вовремя следить и заказывать запас медикаментов и оборудования на месяц или недели вперед, составить график медсестер, назначать очереди у врачей и специалистов. Я постоянно со всеми переписывалась, договаривалась. Мой английский стал улучшаться на глазах. Ох, лучше б я его выучила по-другому.

Вообще, кому рассказать, не поверит. Когда мы дошли до ручки, я просила социального работника, что мы не справляемся и мне нужно больше свободных часов. Хоть пару часов днем, чтоб я могла обед приготовить и в магазин поехать. И тогда нам предложили отдать Сашу на временное опекунство в другую семью. А им, на минуточку, дают и деньги, и много плюшек, и конечно медсестер по максимуму. И я спросила ее в лицо, получается, что государство готово поддержать временных опекунов, а не его родных родителей. И единственный способ для нас оставаться на плаву, - это его отдать. На что она ответила, что да, такие правила. Мне хотелось выть и биться головой об стенку. Много сил уходило на бюрократию. Сашку мы не отдали, вместо этого я довела себя до бронхита.

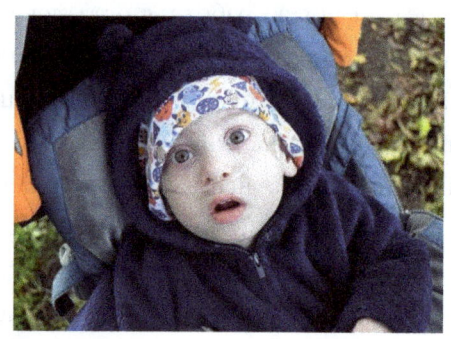

Я сидела с Сашей целыми днями, сцеживала капли молока, ночью спала по пару часов, и так месяцами. Я начала кашлять, к врачу попасть не могла, в конце слегла с бронхитом. И мне знакомая канадка дала координаты бесплатного адвоката, с которым можно было поговорить, как только я с ним связалась, вдруг и медсестры нашлись и часы мне дали.

В первый год мы учились жить дома, это было очень нелегко, но все-таки это не больница, где еще хуже. В январе мы привезли Сашу домой, мы возили его в больницу к врачам, но он очень плохо переносил это, кислород падал, один раз даже вызвали "синий код" (это больничный сигнал, когда пациент при смерти), и из кабинета врача его отвезли в реанимацию. После этого мы прекратили возить его по врачам, общались по телефону или в переписке. Все, что можно было перенесли на дом. Даже то что нам говорили, что нельзя, тоже в конце перешло на дом. Сейчас, во время Ковида, можно много что сделать по телефону, но в то время мне говорили что нельзя. В больницу в операционную ездили только трубку в кишечник менять, и то, ждали до последнего как могли.

Один день из Сашиной жизни

Запись из моего дневника того времени, пример моего дня: "Вчера у нас был фильм ужасов. У меня была дикая мигрень целый день. Медсестра взяла Сашу погулять возле дома. Так получилось, что я говорила по телефону со своим социальным работником. В это время мне звонила медсестра, а я не слышала вторую линию. Потом я договорила и когда положила трубку, увидела 6 пропущенных звонков от медсестры и голосовое сообщение. Я сразу перезвонила, она сказала, что кислород у Саши упал до 16 %, он посинел и не приходил в себя, как бы она его не тормошила, и не отсасывала слюну.

Она вызвала скорую и парамедики хотели забрать Сашу в больницу. При этом она сказала, что его стабилизировали. Я запретила везти его в больницу, сказала чтобы ждали меня. Тогда парамедик стал спрашивать, почему я не хочу, но я поняла, что на всю историю у меня нет времени, и ответила, что должна увидеть Сашу, чтобы принять решение. И вот я сорвалась из дома, уже когда бежала, поняла, что надо было ехать на машине, но за ней уже не было смысла возвращаться. Я прибежала на место, которое мне указала медсестра, но там никого не было. Я позвонила ей, оказалось, что она ошиблась с адресом. Я поняла, что пока я доберусь до места, Сашу заберут в больницу. Там у него, как обычно, будет стресс, и чем это все закончится - неизвестно. И я спрашиваю, могут ли они как-то до меня доехать? И о чудо, мне ответили, что пожарные, которые приехали вместе со скорой, заедут за мной. Они не сразу поняли, где именно я их жду, но вскоре они меня забрали и привезли к месту, где была скорая.

Саша лежал никакой в машине скорой помощи, но это было его обычное нехорошее состояние. Парамедики уже наконец поняли, что происходит, моя умница медсестра им все рассказала. Я из родителя, издевающегося над своим ребенком, которая не хочет везти его в больницу, оказалась несчастной матерью с неизлечимо больным нестабильным ребенком. Закончилось тем, что прямо на скорой нас подбросили домой. Саша сразу успокоился, как только я его взяла на руки, там мы и доехали до дома, да и дома сидели вместе.

Я поняла, что все Сашины документы надо было брать с собой, даже если это короткая прогулка возле дома. Если гулять, то по центральным улицам, и мне надо отвечать на все вопросы, что Саша - ребенок хосписа. Тогда меньше будет вопросов и обвинений. А еще мне запомнился взгляд огромного высокого парамедика, который рядом с Сашей был еще больше, его беспомощность, грусть и такое тепло по отношению к малышу и ко мне. В конце, уже возле нашего дома он сказал, что мы даем невероятную заботу малышу.

И я понимаю, какие же мы беспомощные и не контролирующие все, что происходит в нашей жизни, даже когда нам кажется обратное. А еще все, что произошло вчера, я чувствовала присутствие высших сил, и не важно, как это назвать мироздание, абсолют или Бог. Я не знаю, почему я решила поделится этим с вами, это какой-то порыв, крик о том, что берегите то, что у вас есть, благодарите за то, что имеете. Даже если вам кажется что все плохо, у кого-то все намного хуже. Оглянитесь вокруг, выйдете из своей раковины, может кому из вашего окружения нужна помощь. Когда вы откроете свое сердце, то и вам вдруг станет легче. И еще эта история про то, как наш ум строит картинки, которые могут быть очень далеки от реальности.

Это просто крик души матери смертельно больного ребенка.

Ситуация, которая произошла в тот день была мистической. С Сашей была медсестра, которая которая не давала увезти его в больницу и настаивала ждать меня. Пожарные, которые ездили по району и искали меня. Я ехала в пожарной машине с мигалками, с наушниках и микрофоном, как в вертолете и мне в это время говорили, что Саша в хороших руках. Я чувствовала, что о нем сейчас заботятся высшие силы, и не смотря на волнение и стресс, горячие щеки и уши, во мне было какое-то внутреннее спокойствие. Которое прорвалось уже вечером, когда Саша лежал в своей кровати дома.

Новый год в реанимации

Дома мы следили, чтобы все снимали обувь и мыли руки, следили за гигиеной и чтоб Саша не заболел, иммунитет у него был совсем слабый из-за постоянных воспалений легких и антибиотиков.

В августе мы поехали всей семьей в хоспис, так как это был самый быстрый способ получить домой кислород, плюс нам нужен был лечащий врач, с кем можно было говорить по телефону. А это тоже только через хоспис.

Это был первый раз, что мы куда-то выехали всей семьей, мы даже покатали Сашу на качелях. Но вышло нам это боком, я потом еще долго винила себя, что мы туда поехали. Саша встретил свой первый день рождения в реанимации - очередное воспаление легких.

А потом началось: всю осень он болел. За три месяца он был четыре раза в реанимации, каждый раз очень тяжело.

Утром 31 декабря Саше стало плохо, мы вызвали скорую, муж поехал с ним в больницу, а у меня был тяжеленный приступ мигрени. Мы договорились, что я приеду попозже, как мигрень пройдет. Но она прошла только ближе к вечеру. А днем начался ураган, занесло все снегом. Жили мы тогда на горе, дороги скользкие, даже автобус к нам поехал и застрял, я видела из окна. Нас отрезало от мира. Муж остался в реанимации, так как если б Саше стало хуже, то никто не смог бы доехать. Так и встретили мы Новый год. Я - дома, зареванная с детьми, а муж - в реанимации с Сашей. После этого я к праздникам стала относиться спокойно. Саша болел на все праздники, мы перестали что-либо праздновать. Врачи стали говорить с нами, что Саше очень плохо, его организм отказывает, нам надо его отпустить и перестать реанимировать.

Следующие полгода были очень тяжелыми для меня. Я плакала каждый день. Я понимала, что скорее всего его следующая пневмония будет последней. Он был очень плох, к тому же все навыки, что он набрал до сентября, он потерял. Он уже даже не мог дышать без кислорода. Я цеплялась за ниточку отрицания и надежды. И вдруг он перестал серьезно болеть, и поездки в реанимацию прекратились, мы опять стали справляться дома.

Я смотрела на Сашу, он был как ангел, милый малыш с зелеными большими глазами, идеальными пальчиками и ножками. И не понимала почему же это произошло именно с нами. Это же был мой долгожданный ребенок. Почему мы? За что?

2 и 3 июня

Я хорошо помню 2 июня. Я отвезла детей к дантисту, а у меня заболело ухо. Я хотела пойти в клинику, но мне надо было менять дневную медсестру, поэтому к врачу я не попала и вернулась домой. В ночь со второго на третье июня мы пошли спать после 11, с Сашей осталась его ночная медсестра, которая обучала дневного медбрата ночной смене. Оба они были опытные специалисты, работали сами в больнице не один год. Около 12 ночи они нас разбудили. Саше было очень, очень плохо. Я позвонила соседке, первый раз в жизни ночью и попросила прийти к нам спать со старшими детьми. Я ей очень благодарна, она сразу пришла. Мы вызвали скорую и поехали вдвоем с мужем. Я в скорой, он на машине сзади.

А потом была длинная ночь. Как я не сошла с ума, я не знаю. Я сидела с Сашей на кровати. Вдруг я заорала мужу и схватила Сашу на руки, - он уходил. Я очень долго не могла смотреть на свое тело, как-будто я не смогла его удержать в тот момент.

В ту минуту как он умер, я почувствовала, как у меня в руках осталось тело, это был не мой Саша, душа его была в другом месте. Осталась машина без водителя. Саше было тогда почти 2 года.

Медсестра предложила завязать Саше какой-то браслет на руку, я очень не хотела, но потом согласилась. Ох, лучше я б этого не делала. Его рука была холодной, очень долго я не могла этого забыть. Я пыталась вспомнить его живым и не могла. Это холодное тело не давало мне покоя.

Сейчас я ко всяким рекомендациям - как надо прощаться - отношусь спокойнее. Говорят, что кому-то это помогает (завязать браслет, посмотреть, попрощаться и т.д.), но для меня это была дополнительная травма. Поэтому я говорю девочкам, которые жалеют, что не посмотрели на своих умерших детей или не дотронулись до них - еще неизвестно, что лучше для вашей психики.

После

Нельзя подготовиться к смерти любимого человека. Даже если понимаешь что прогнозы очень плохие, но нельзя представить что его больше нет. Я никогда не думала, что боль может быть такой глубокой. Это не сравнится ни с чем. Возникает ощущение что ты один в своей боли, что у остальных людей все хорошо, только тебя судьба побила по голове кувалдой. Вот такое ошибочное мнение. В ту минуту как он умер, я умерла вместе с ним. И я б многое отдала, если смогла как в

Ромео и Джульетте все-таки умереть вместе с ним физически. Так как впереди у меня были годы травмы и горя. До сих пор не понимаю, как же я еще жива осталась и пишу эти строки.

Меня из моей душевной боли возвращала ушная боль. Она появлялась резко и было так больно, что брызгали слезы из глаз. Игнорировать ее я не могла, но и идти к врачу не хотела. Я благодарна мужу, что он меня заставил поехать к врачу, сам договорился с ним, чтобы я подождала в машине, я не могла видеть людей. Секретарь позвонила мужу, когда дошла моя очередь. Я зашла в клинику в черном капюшоне на глаза, смотрела в пол, не могла зареванных глаз поднять.

Врач мне выписал антибиотики, я попросила что-то успокаивающее, он сказал, что это надо к семейному идти, на что муж ответил, что мы потеряли ребенка, поэтому мне так плохо. Он посочувствовал, но не дал. А на обратном пути муж решил сделать небольшой круг и повез меня в парк на берегу океана, возле нашего дома. Там мы увидели медвежонка с мамой, и я заплакала, что даже у медведицы есть малыш, а моего у меня забрали.

Какое у все вероисповедание и помогает ли оно проживать потерю?

Интересный вопрос, подростком я увлеклась христианством. Это при том что оба моих родителя коммунисты-атеисты, и вообще никогда ни в семье, ни у друзей я не слышала о какой-либо религии. А я подсела на детские передачи про христианство в начале 90х, однажды даже написала письмо в редакцию и мне прислали из Киева в Россию библию, которую я хранила как зеницу ока.

Я очень хотела пройти обряд крещения, родители не были в курсе, что со мной происходит, поэтому я почти что сделала это. Вернее, да, сделала, но священник сказал, что я не там стояла, и это не считается. И я очень расстроилась. И удивилась, у меня начали возникать вопросы.

Я уже не с открытыми ушами все слушала, а фильтровать начала. И у меня возникло еще большее удивление и вопросы. Я обратила внимание, что священнослужители далеко не всегда говорят и делают все одинаково. Но тогда я была подростком лет 12-14, поэтому много, что начала критиковать.

Школу я заканчивала в Израиле, приехала одна без родителей подростком, два года прожила в интернате. Было очень сложно, надо было бороться за место под солнцем зубами и ногтями. И тут произошла моя кардинальная трансформация. Я познакомилась с ультра религиозными израильтянами, и они меня оттолкнули от религии так, что я стала фанатичным атеистом.

Мне запрещали что-то делать, а я делала назло. Например, был запрет на свинину, и мясное с молочным тоже нельзя смешивать. Так я ходила в чешский ресторанчик в Тель-авиве, и заказывала свиную отбивную с сыром. Самое смешное, что приехав в Канаду, свинину мы не ели годами, так как никто не запрещает.

Кстати, кому не рассказывала, ни у кого такого школьного предмета не было в начале 90-тых - "история религии". И в конце года наша контрольная работа была - придумать самому новую религию. Я, конечно, не помню, что написала, но закончила я быстро, прямо в классе, поэтому сдала работу учителю, он читал при мне, его брови поднимались и опускались. Похвалил и поставил 5 с плюсом. Я б сейчас многое отдала, чтоб прочитать свою работу. Интересно до жути, что ж я там написала такого забавного.

В Канаде я заинтересовалась восточной философией. Я достаточно глубоко увлеклась, даже глубже чем христианством в детстве.

Когда умер Саша, я прошла еще одну глубокую трансформацию, я б сказала глубочайшую в своей жизни, и полностью отошла от каких-то религий. Я интересуюсь всем, я верю, что все религии об одном и том же, но при этом в каждой очень много правил, которые немного сбивают с курса. Я верю, что тело смертно, а душа - нет. Я верю, что нет случайностей, что мы - не контролирующие в этом мире, я верю, что главное в жизни - это любовь, чистая и безусловная. И эта вера мне помогает. Я знаю, что Саша в порядке, что он жив и вечен, как и я и вы - тоже. Я знаю, что любовь и свет побеждает зло, и могу долго говорить на тему "есть ли вообще зло".

Отношение семьи и окружающих к горю

Сразу оговорюсь, что в Канаде моя семья - это муж и дети, больше родственников тут нет никого. Друзья у нас были, я общительный человек, так что знакомых был вагон и маленькая тележка.

В начале, когда родился Саша, к нам приехала моя мама помогать. А когда она узнала, что Саша очень болен, то закрылась и не сказала ни слова. Мы возили ее в реанимацию, она надевала халат, перчатки и маску и держала его на руках. Но ничего не говорила. Как и потом, пока он был жив, почти ничего про него не спрашивала. Но я сама рассказывала, правда говорили мы редко.

Когда Саша умер, приехал отец мужа , и ни слова не сказал. И, когда, я в сердцах спросила, неужели ему все равно, он сказал, что не знает, что говорить, поэтому молчит. Короче, что при его жизни, что после смерти - про Сашу родственники почти не говорили. Я помню как средний сын спросил дедушку, сразу после смерти Саши, где он? И дед покраснел и не знал, что ответить. А я подошла к нему и сказала: "Детка, Саша умер." И он спокойно сказал: "А, ок" и пошел по своим делам. И дед посмотрел на меня, как бы спрашивая, а что, так можно ответить? Так просто? И все?

Про друзей: если коротко, то многие друзья оказались знакомыми.

Я никого не обвиняю, ни в коем случае, ни друзей ни семью. Это очень тяжелая ситуация, некоторые друзья продержались больше других, но и они отпочковались со временем. Такое было чувство, что это заразно, поэтому с нами общаться не стоит. Я не чувствовала поддержку, и от этого было в разы тяжелее.

В день рождения старшего сына (9 лет), мы поехали все вместе к Саше в госпиталь. Я осталась с ним, а муж отвез старших детей на прогулку. Мы планировали, что он меня заберет, и мы поедем домой есть торт. Но это был один из тех дней, когда Саша был "тяжелый". У нас была новая медсестра, с которой мы раньше не работали. Приехал муж, мы выключили свет и сидели в тишине в палате. В комнате отдыха нас ждали дети с моей мамой, а мы не могли уехать. Саша был плох. Я плакала. Зашла медсестра и стала нам говорить, что у Саши поврежден мозг, как мы этого не понимаем. Надо поставить на нем крест и ехать домой к детям. У меня разрывалось сердце, у сына день рождения, а я люблю их всех, и мне сложно сейчас уехать. Хоть разорвись. Старшие дети и так меня не видят, а сегодня я пообещала, что мы вместе поедим торт. Мне было дико больно, у меня даже не было сил разговаривать с медсестрой. Я только спросила у нее, есть ли у нее дети. Ей было около 50, она сказала, что нет. Легко давать советы и судить со стороны.

Потеря ребенка это пост травматический синдром, как у ветеранов после войны. Я читала что говорили солдаты, и видела очень много схожего. Например, ветераны говорили : " Иду по улице. У меня весь мир перевернулся, а люди гуляют, сидят в кафе, покупают вещи. Как-будто ничего не было." " Даже когда я нахожусь в компании других людей, то чувствую одиночество. Причем чем больше людей, тем хуже." " Я в первое время постоянно хотел говорить о своем опыте. Как-будто хотел чтобы меня поняли, через что я прошел. Но меня не понимают те кто не прожил это сам." И вот у меня было тоже самое. Когда я поговорила с другими мамами, то обнаружила такой же опыт.

Я понимаю как сложно с нами общаться. Поэтому никого не виню. Такой болезненный опыт очень сильно влияет на общение с другими людьми, и мы остаемся в изоляции, в полном одиночестве со своей болью.

Одна из миссий этой книги - это поднять занавес молчания, снять табу, чтобы люди знали, как поддержать и быть опорой, которая так нужна. А тем, кто переживает подобный опыт, сказать, что вы не одни, говорите, какая помощь вам нужна. Может, нужно посидеть со старшими детьми или младшими, может еду приговорить, попить вместе чай с вкусняшкой, вывезти на природу, прогулку, поговорить по телефону, обнять. Ведь друзья часто очень хотят поддержать, но не знают чем, подскажите им. Просите о поддержке прямым текстом у тех, кто ее предлагает от чистого сердца.

Самое интересное, что помощь появилась совсем не оттуда, где ее ждали. Люди, с которыми мы совсем не много общалась, вдруг пришли на помощь. Например, риелтор, с кем мы купили несколько лет до этого дом, привезла и оставила у дверей продукты. Мы нашли их на крыльце поздно вечером, когда вернулись с больницы после родов без Саши, после того как не были дома около недели. И когда утром дети попросили покушать, я была очень ей благодарна, так как смогла их покормить.

Моя соседка канадка, с которой я в основном общалась знаками со своим минимальным английским, она нам столько раз помогала. Я помню, как я зареванная лежала на кровати в спальне, а она забежала ко мне, хотя муж ее не пускал, и обнимала меня и рыдала со мной. В ту ночь, когда мы вызвали скорую для Саши в последний раз, я позвонила ей в полночь, первый раз в жизни и попросила побыть со старшими детьми. Она без вопросов взяла подушку и одеяло и пришла ко мне. Мы с мужем и Сашей уехали в больницу. Она написала мне в 8:30 утра и спросила как дела у Саши, и я сказала, что он умер. Она забрала детей к себе, чтобы мы смогли спокойно прийти домой и немного успокоиться, чтобы рассказать детям. И я ей благодарна за это. Мне это было просто необходимо в тот момент, мы могли сильно травмировать детей своим состоянием.

Я также очень благодарна всем, кто поддерживал и помогал как мог. Когда забирали старших детей, когда привозили нам еду, мамы, кто сцеживали для Саши молоко, когда пытались поддержать как могли. У Саши в реанимации была постоянная медсестра Таня. Я называла ее его ночной мамой. Я знала, что в ее дежурство с Сашей все будет хорошо. Врачи, которые вызывали дежурных врачей и настаивали на дополнительных проверках, которые показывали нам что им дорог каждый малыш, медсестры, персонал. Я знаю как тяжело нашей семье и знакомым говорить о Саше, но они периодически говорят, хотя не знают как. Но зато от всего сердца. Я это очень ценю. Низкий вам поклон.

Вообще, я была удивлена до глубины души, что мы не умеем сочувствовать, понятия не имеем, что сказать. С днем рождения и Новым годом поздравить можем, а посочувствовать, поддержать вообще не умеем. Как-будто смерть - это очень редкое явление, редчайшее. Я даже больше скажу, и врачи и медперсонал и даже психологи, к кому я обращалась понятия не имели, что говорить, терялись и молчали, или какую-то ерунду несли, типа: "Ну ты там держись."

Однажды мы столкнулись с нашими друзьями после рождения Саши. Мужчина совсем не ожидал нас увидеть, у него был шок. Вместо того чтобы поздороваться, он сказал: "Я не знаю, что вам сказать" и быстро ушел. Мой муж был шокирован таким поведением. Пару раз я видела как знакомые переходят дорогу видя меня, чтобы со мной не здороваться. Одна моя близкая подруга сказала после смерти Саши: "Зато сейчас у тебя будет много свободного времени." А другая подруга через сутки после смерти говорила со мной про погоду, отвлекая меня от тяжелых мыслей. Другая подруга, зная, что мы с мужем вообще не употребляем алкоголь и готовились к рождению ребенка за год до этого (витамины и так далее) спросила меня , а не пила ли я когда беременная была, может поэтому он такой родился. И еще "любимая" поддержка: "Это за твои грехи." О да, наверное я Гитлером была в прошлой жизни. "Надо много молиться" - то, что "хочет" услышать любой нерелигиозный человек.

Да что говорить про друзей, даже психологи, к кому я обращалась меня не могли поддержать. Одна психолог заявила, что Саша это просто биоматериал в форме милого младенца. Не надо его спасать, надо думать про себя и других детей. Другая психолог, которую я спросила как жить в состоянии, когда мой малыш может каждую минуту умереть, сказала чтобы я положила эту мысль в шарик и отпустила в небо. А то что монитор пищит возле меня, что уровень кислорода низкий, и это что-то реальное, то как же шарик мне поможет. Я его отпущу, а монитор будет сигналы продолжать подавать.

Я в какой-то момент так устала от этого, что написала пост у себя на странице Фейсбука, который сразу разошелся по сети. Причем, я заметила, что не важно где женщина живет, в какой стране, городе, реакция у всех была одинаковая. Этот пост вы прочтете дальше, в главе "Взгляд изнутри". Этот пост поддержало огромное колличество людей, те, кто соприкоснулся с таким же отношением, те, кто хотел научиться что помогает а что нет. Мне постоянно говорили что я должна написать книгу, а я сопротивлялась, так как это огромная болезненная работа. Но потом я подумала, может это моя жизненная миссия. Сейчас вы держите ее в руках, я надеюсь она будет вам полезна.

Отношение между супругами, с детьми, которые были в семье на момент потери

Говорят, что беда не приходит одна, так было и у нас. Когда родился Саша, мужа сократили на работе. Это было для него огромным ударом. Полтора года назад до этого у него на работе поползли слухи, что будут сокращения, и многие на этой волне уволились. Целый отдел держался на моем муже, и когда мы уехали в отпуск за год до рождения Саши, ему позвонил один из главных менеджеров в фирме и очень просил остаться, обещал золотые горы. И вот когда Саша родился, для нас это был как удар кувалдой по голове. Я не работала, да и понятно было что сейчас точно не до работы, а его - нашего главного и единственного кормильца - уволили. Что было с мужем сложно сказать, я его никогда таким не видела, даже после смерти его любимой мамы. Это было ядерное сочетание - нет работы, долгожданный ребенок при смерти. Думаю не надо объяснять в каком состоянии была я сама. Поэтому было не то, что нелегко, словами сложно описать, что с нами творилось.

Если честно, то я до сих пор думаю, что это чудо чудное, что мы с мужем оба не сошли с ума, что семья не развалилась. Даже при ситуациях полегче чем наша, часто семьи распадаются. Мужья часто уходят, или жены их выгоняют, или дома такая атмосфера, что лучше жить отдельно. Посмотрите статистику сколько семей разводятся когда рождается ребенок с особенными нуждами.

Мужчин часто воспитывают с детства, что мальчики не плачут. Вот они вырастают и не знают как жить с эмоциями, особенно такими сильными, когда обрушивается на семью цунами и все сметает на своем пути. Да и не учат в школе ни девочек ни мальчиков как жить в семье, как общаться, как жить с партнером. Зато учат про инфузорию туфельку и тангенсы котангенсы. "Очень ценная" информация для семейной жизни.

Саша родился в начале августа, а в сентябре средний сын пошел первый раз в школу. В Канаде это в пять лет. И там были проблемы с поведением, с непониманием, что от него хотят. Как раз подошла очередь проверки на аутизм у среднего сына, которую мы ждали больше года. Нам пришлось одновременно и в реанимации находиться и другого сына на проверку везти. Аутизм ему не поставили, но подтвердили серьезную задержку развития, речи, моторики как крупной так и мелкой. Забегу вперед, после 5 лет хождения по врачам, профессор поставил ему диагноз. Это все-таки аутизм.

Средний сын привык быть со мной, и то, что мы исчезли из дома, приходили только ночевать, приехала бабушка, которую он последний раз видел год назад, плюс новая рутина - школа, - все это очень повлияло на него. Да и потом, когда Сашу мы забрали домой, я не могла ему уделить дополнительное внимание, хотя видела, что ему оно очень надо. В последние полгода жизни Саши, я рыдала каждый день, так как чувствовала, что теряю сразу двух сыновей. Я не знала, как мне разорваться. Среднему сыну требовалась огромная помощь, а я спасала младшего.

Старший сын очень повзрослел. Ему было почти 9, когда родился Саша. Он видел что происходит со мной и мужем, пытался помочь и стать старше. Он закрылся в себе, постоянно брал на себя роль родителя в отношении среднего сына, да и ко мне подходил как к равной. Я его видела и понимала, что для его психики это удар. Ребенок должен быть ребенком, слишком много на него навалилось. Вернее он сам навалил, а нести не мог.

Когда Саша умер, то средний сын не понимал, о чем мы говорим, а старший очень горько рыдал, мне было страшно за него, я его таким никогда не видела.

В двух словах, семья наша была разорвана и сшита грубыми нитками. Как мы продержались не знаю, но досталось всем.

Какие у вас произошли изменения после смерти ребенка?

Когда Саша умер, среднему сыну дали статус инвалида, его приняли в государственную программу, в которой покрываются узкие специалисты, такие как физиотерапевт, логопед. Обычно они стоят очень очень дорого, поэтому не все семьи могут позволить терапию на постоянной основе. Я стала как водитель такси возить его к специалистам и много заниматься с ним дома. Морально мне было очень очень сложно, я была в кошмарном психологическом состоянии. Но может эти поездки, составление новой рутины меня немного переключили.

Через несколько месяцев после смерти Саши, я поняла что очень сложно мне находиться в нашем доме, да и в районе, где все напоминает, как я плакала здесь и там. И мы решили переехать в соседний город.

Переезд нам пошел на пользу. Дети поменяли школу, только старший был очень недоволен, что мы увезли его от друзей. Но мы уехали не очень далеко, и с некоторыми ребятами он продолжил общаться.

Через два года после смерти Саши, мы завели щенка голден ретривера. Назвали ее Умная Собака Соня. Она приносит нам столько радости, она как клей для всей семьи. Чудо, а не собака.

Я вижу как много моих знакомых родили после потери, многим это помогло. Но это не мой случай. Се ля ви ("такова жизнь"), как говорят французы. Это тоже моя травма.

Что вам помогает продолжать жить?

Мне помогает моя вера, что душа бессмертна, что Саша в порядке, что ему сейчас не больно. Он так страдал, бедный, у меня разрывалось сердце. А там где он сейчас - нет боли, есть любовь и свет. Я стараюсь жить в моменте, жить сейчас. Как только ум убегает в прошлое или в будущее, я его возвращаю. Я знаю, что я не контролирую в этой жизни. Я могу делать все, что от меня зависит и даже больше, но не могу проконтролировать результат. Я верю, что нет случайностей в жизни, все идет своим чередом. Я знаю, что Саша должен был родиться и умереть. Это его судьба и наша. Я знаю, что я мало, что знаю про нашу жизнь, что такое добро и зло, почему все произошло так а не иначе. Но верю, что есть во всем смысл. Возможно когда-нибудь я его узнаю. Верю, что нас не наказывают, а все пронизано любовью.

Я помогаю людям насколько могу, и это тоже дает мне силы. Я модератор группы для женщин, которые потеряли ребенка, также я создала местную канадскую группу для взаимопомощи. Я пишу эту книгу, и это тоже дает мне силы. Если кто-то прочтет ее, и ему станет хоть немного лучше, или он сможет поддержать другого в беде, то я буду считать, что выполнила свою миссию.

Еще я учусь на вторую степень клинического психолога. Хочется верить, что мой жизненный опыт поможет поддержать тех, кому это очень нужно. Надеюсь я буду той поддержкой, которой, к сожалению, не было у меня.

Чувствуете ли вы перемены в себе - трансформацию?

Когда Саша умер, я умерла вместе с ним, буквально. Прежняя я умерла. Сейчас я начинаю возрождаться. И я это очень хорошо ощущаю. Я сейчас совсем другой человек, не тот, который рожал Сашу, даже не тот, который с ним прощался. Хотя это тоже в чем-то разные личности. Я много раз слышала и читала про трансформацию, но сейчас я почувствовала, что это.

Это сложно объяснить в двух словах, но поверьте мне - я другая.

И те, кто знали меня до этого, могут подтвердить. Я себе нравлюсь сейчас больше, мне легче жить сама с собой. Только цену я заплатила за это огромную. И если б смогла отмотать назад, то эгоистически сказала б, да ну эту мудрость и трансформацию. Верните меня целую, не разорванную и сшитую. Но если смотреть в большем масштабе, то трансформация колоссальная. Муж говорит, что я стала более терпеливой и желающей понять других.

Я стала лепить керамические тарелочки и крылья ангела в память о любимых, кто ушел.(https://www.etsy.com/ca/shop/9MoonsDesign)

И когда я подписываю открытку, которую посылаю вместе с заказом, чувствую свою причастность к проживанию горя. Как-будто я часть этой секты, есть просто живущие и есть те, кто потерял любимого человека. И первые не поймут вторых. А вторые понимают с полуслова таких как они. Я подписываю открытку людям, которых даже не знаю, но чувствую как им больно. И у меня такая благодарность к тем, кто покупает им маленький подарочек, кто думает о них, выбирает что-то уникальное. Просто сказать - я тут, я - с тобой, даже если я далеко географически, я рядом, я здесь. У меня есть возможность сотворить что-то, что может помочь кому- то

Происходили ли события, которые сложно объяснить с помощью обычной физики

Да, если б мне кто рассказал, я ни за что б не поверила. Но все происходило на моих глазах. Однажды ко мне пришли мои знакомые,

Саше стало плохо, и они поставили на компьютере мантру. И мгновенно его кислород пошел наверх, а пульс стабилизировался. Муж не мог поверить своим глазам. И после этого мы не раз, когда кислород падал, ставили мантру, и Саше становилось лучше. Я даже помню, как муж сам побежал мантру ставить, когда в очередной раз сыну стало плохо.

Много времени я общалась по телефону с одним экстрасенсом из Москвы. Я ему звонила, когда Саша был в реанимации, и врачи говорили, чтобы мы с ним попрощались. И каждый раз малыш приходил в себя.

За 9 дней до смерти Саши, я поставила новую мантру, и кислород пошел наверх. Мой слепой и глухой ребенок, который не мог глотать и давился собственной слюной, стал петь "омммм". Причем пел правильно, улыбался и попадал в ноты. Я сняла с него кислород, взяла на руки и сделала видео, чтоб было подтверждение моим словам, так как на секунду подумала, что у меня галлюцинации. Я потом видео показывала, и все были в шоке. В полном.

Когда Саша умирал, то врач сказала нам, что это конец, но что это может продлится долго. Это была очень длинная ночь в моей жизни. И под утро я взмолилась Богам, Вселенной, даже не знаю кому. Это был крик души, отчаяния, горя, злости на Бога. Я орала про себя Ему, как он может такое допускать, ребенок так тяжело умирает, пусть или вылечит его или заберет. И я требовала ответа. И он пришел. Я услышала очень четко: "8:30". Я злилась еще больше и спрашивала о чем это, какие восемь тридцать. И вот когда Саша умирал, я почувствовала что-то, схватила его на руки, и на моих руках он ушел. Я не знаю почему, но я посмотрела на часы, и было 8:30. Я потеряла дар речи. Я была в шоке от всего происходящего. Не знаю, как в ту минуту я не умерла вместе с ним. Видимо я не закончила еще свой путь и нужна в этом мире.

Когда мы вернулись домой и рассказали детям, то старший сын

заплакал, а средний прыгал по кровати и спрашивал, почему мы плачем, Саша не ушел, он его видит, прямо сейчас в комнате.

До того как была кремация, я вставала с утра и сидела на диванчике, там где была Сашина кроватка, до самой ночи, потом спала и опять с утра там сидела. Такое было чувство, что меня приклеили к этому месту. После кремации я почувствовала, что могу двигаться по дому, сидеть в других местах. Как будто клей перестал работать.

После Сашиной смерти муж отвез меня в парк возле нашего дома, я дико сопротивлялась, я не могла видеть свет, людей, ничего. В парке я ехала и смотрела в окно. И вдруг я увидела медвежонка. А рядом его мама. И я зарыдала, что даже у медведицы есть малыш, а у меня его отобрали. Какой шанс увидеть медвежонка прямо возле дороги? Меня это удивило. И тут мы увидели как прямо на те кусты идет мама с детьми, мы подъехали к ним и предупредили что туда идти нельзя, там медведи, предложили подвезти до их машины. Мы были на самом дне, но смогли кому-то помочь. Мне это придало сил.

И потом много было ситуаций, который сложно объяснить логикой и знаниями из школьных учебников.

Шаманский обряд

В поисках ответов на мои вопросы я проделала несколько практик, такие как гипноз, холотропное дыхание, шаманские церемонии. Во время них мне пришло очень много откровений. Вот что я написала в группе после прохождения глубокой одной шаманской церемонии.

" Девочки, я сегодня делала глубокую медитацию, шаманский обряд. У нас полпятого утра, я не сплю, хочу с вами поделиться. Спросила, почему Саша ушел, почему приходил, для чего мне выпало это испытание.

Я очутилась в той минуте моего самого кошмарного ужаса, когда Саша покинул тело. И я увидела как свет выходит из его тела и взлетает ввысь. И оказывается прямо у меня за ухом. И при этом может подняться и выше, видеть с другого угла, захватывая большой участок. Какая-то другая вселенная, более высокого уровня, мудрейшая. И мы оттуда сами. То есть просто этот свет поменял положение. Как водитель вышел из машины и все. Машина без водителя это только кусок железа. Если оставить ее одну, то придет в негодность. Человеческое тело без души еще быстрее, чем машина без водителя, выходит из рабочего состояния.

Это просто тело, как и просто машина. Души там нет. Но она не умирает. Она рядом. Расслабьтесь, вот полностью, насколько сможете. Лягте в удобную позу, включите музыку для релаксации. И как-бы посмотрите у себя за ухом или выше. Отсканируйте пространство. Как светлячок рядом горит.

Можете и не верить. Мы часто можем что-то не замечать. И это не значит, что этого нет.

Наши дети не умерли. Умерло тело, только оно. Душа просто вышла. Ее убить нельзя, умереть не может. Она бессмертна.

Не бейте посыльного, я вам пересказываю, что я увидела и о чем мне рассказали. Просто откройте свое сердце и на секунду предположите, что все так и есть. И все. Готовы? Я не открываю Америку. Я просто с вами делюсь.

Я сама выбрала весь сценарий своей жизни. Я пришла излечить весь свой род. Взяла удар на себя. Когда я выбирала, то знала намного больше чем сейчас. Это был осознанный выбор взрослого мудрого человека.

Ко мне пришла бабушка. В длинном льняном платье очень красивого цвета. С накидкой на плечах. И она меня обняла, заполнила каждую клеточку любовью и теплом, и все показала и рассказала. Это была бабушка, о которой я мечтала всю свою жизнь. В моей жизни и бабушка и мама не могли дать мне этого тепла и любви. Вернее не смогли показать. Слишком много было поверх этой любви, но я не об этом.

Мы пришли излечить весь род включая 7 поколений вперед. То есть это помощь и нашим детям и родителям.

Мы единственные, кто сможет посадить в себя семя горя и безнадеги, агрессии и вины, депрессии и отчаяния. И вырастить на плодородной земле дерево с вкусными сочными плодами. И если вы со мной спорите сейчас, - это нормально. Но глубоко-глубоко вы знаете, что это так и есть. Просто сейчас период все отрицать. Это нормально.

Мы свет, просто надо может проветрить комнату, снять тяжеленные шторы и карнизы, которые в пыли и затемняют все. И может дышать будет полегче.

А для этого надо проживать все, что приходит. Находить время и место чтобы проживать свои эмоции. Хочется плакать - плачьте. Орать - орите. Стучать - стучите. Злится - злитесь. Только найдите место и время, чтоб побыть одной или в поддерживающей компании.

Мне помогало ездить на парковку в парк вечером, где никого не было и орать в машине. Или когда никого нет дома, врубать музыку и танцевать и прыгать. Или выть. И стучать ногами, бить подушку, обнимать деревья. Наполняться от рек и озер, океана и ручья. Очистить круг общения.

Мы очень сильно проживаем наше горе. И мы может его прожить. Мы можем это сделать. Даже если сейчас так не кажется. В нас огромная сила. Просто мы ее не видим. Значит сейчас время быть эмоциональной и созависимой. Это не слабость. Это сила посмотреть горю в глаза и выбираться из ямы. В какой-то день подъем хорошо идет. В другой - откат. А в какой-то даже идти тяжело. Можно просто полежать в правильном направлении.

Вы огромные умнички. Все делаете правильно. Еще 10 минут

прожить и еще. Вот и день прошел, и неделя, и месяц, и год, и второй....Просто дыши. Вдох, пауза, выдох. Вдох через нос. Пауза. Всю боль, печаль, горе, агрессию, гнев, вину выдыхайте громко и протяжно. Еще раз вдох через нос пауза громкий выдох. И еще раз.

Я вас люблю.

Мы сможем посадить семя, и из него вырастет дерево которое даст самые сочные плоды.

Обнимаю вас крепко. И ваши светлячки с вами. Навсегда. Вы с ними никогда не расстанетесь. Собственный ангел. Дети вырастают и уходят из дома. У них свое путешествие. А наши светлячки всегда рядом. Говорите с ними, прислушайтесь, что они вам скажут.

Меньше чем за полдня муж увидел пуму возле нашего дома, а я - медведя. Это не просто так. Это такая редкость. И чтоб в течение суток. Мы не все помним, а знаем мы очень много. Надо часто просто отпустить контроль и отдаться любви. Именно любовь спасла мне жизнь в декабре. Значит я еще не закончила свой путь в этом теле.

Обнимаю вас, если позволите. И согреваю своей любовью. Обнимаю."

А это произошло не так давно. У меня есть Сашина полочка, где я зажгла две свечи. Горели они несколько часов. Я вернулась с вечерней прогулки с собакой и думаю, стоит проверить свечи. Над ними Сашина фотография, чтоб не загорелась, смотрю, свечи как-то странно горят. Я подошла, проверила, все нормально. И задержалась на пару секунд рядом с фото, посмотрела в его зеленые глаза и сказала ему, что скучаю по нему и люблю. И еще добавила: "Ну ты сам знаешь." И пошла от полки. Я сделала пару шагов, когда взорвался стакан, в котором горела свеча.

Для меня это был его ответ, чтоб я обратила внимание. Такое не пропустишь. Побежала быстро убирать, чтобы воск не потек на полку. Наши дети с нами, все слышат и видят.

И еще один опыт, о котором я написала в группе.

Я была на еще одной глубокой медитации / шаманском обряде (даже не знаю как это в двух словах описать, но не в этом суть). Так вот я сижу в темном помещении и вижу боковым зрением высокого голубоглазого молодого мужчину, лет двадцати. Он подходит ко мне поближе, и я понимаю, что я его знаю. Я спрашиваю кто он, отвечает: "Я Саша." Я говорю: "Как ты вырос, я видела тебя двухлетним, откуда я знаю, что это ты?". А он мне отвечает: "Ты знаешь, что это я." И я действительно это просто знаю. И я чувствую себя такой маленькой рядом с ним. Начинаю плакать и спрашивать его, почему он ушел. А он мне отвечает, что никуда он не ушел, вот он тут. Что все это иллюзия, игра такая, в которую мы играем вместе.

И тут мой второй сын подходит. И тоже говорит мне, что это наша игра - наш танец. Я его мама, а он - ребенок с особыми нуждами. Но на самом деле и он в порядке, и я, и Саша. И я начинаю почему-то плакать от радости и счастья. Подходит мой старший сын. И я чувствую себя такой маленькой, я сижу, а они втроем стоят. Такие три богатыря. Красавцы. Я чувствую себя мамой трех взрослых сыновей.

И я вижу других детей с их мамами, как-бы вдалеке. И тут понемногу они начинают исчезать. И я начинаю цепляться за них и не отпускать. И опять плакать. И говорить, что да, это игра, это иллюзия, но я хочу, чтобы Саша остался. И сама себе как мантру повторяю: "Принятие, принятие, я принимаю все как есть." Выхожу из медитации абсолютно зареванная. Я давно так не плакала. И вот я продолжаю чувствовать его присутствие. Он тут за моей спиной. И я знаю что и ваши детки тут с вами, за вашими спинами. Почувствовала, что надо с вами поделиться таким сокровенным.

Пять стадий горя, о которых писала Кюблер-Росс:
Отрицание

После рождения Саши у меня был шок. Я перестала чувствовать боль, хотя а я была после кесарева, а также жажду и голод. Я перестала есть и пить, перестала ходить в туалет. При этом я сцеживала капли молока. По ночам я возвращалась в свою палату, ела то, что мне оставила медсестра за день, все в перемешку, холодное, даже не ощущала вкуса. Я помню как моя медсестра пришла в реанимацию, чтобы принести мне обезболивающее после кесарево, которое я забыла принять. А мне было не до физической боли, когда разрывалась душа.

Я не слышала, что говорят врачи, хотя они мало, что говорили, так как не понимали что с ним, а свое мнение говорить опасно, вдруг ошибутся и можно их засудить.

Мне хотелось верить, что мозг может восстановиться, я отрицала что будет так плохо. Я хваталась за любую соломинку. Я думала, что мы победим, будет чудо, он поправится. Мне казалось, что мы всем покажем что они ошибаются. Саше не место в паллиативе. Я верила, визуализировала, рисовала карту желаний, желала, желала, желала и верила. Ведь не может такой любимый ребенок умереть. Он обязательно поправится. Да. Я помню как я держала Сашу на руках еще в реанимации, и вдруг у него начался приступ. Я видела такое только в кино. Я сразу поняла что это и заорала медсестре. Прилетел доктор, он посмотрел на меня и сказал, что он очень сожалеет, но похоже что это одна из тяжелых метаболических болезней, то чего он так опасался. Тогда мы еще ждали генетических результатов. И я пошла сцеживать молоко и рыдать, а муж в шоке остался в коридоре. Врач с сочувствием с ним остался поговорить. Когда же я вернулась с каплями молока, врач и муж улыбались. Саша пришел в себя. Позже оказалось что он просто простудился. И организм выдал низкий уровень натрия, который вызвал судороги. Ему стали добавлять натрий и он очухался. Потом как -только Саша заболевал, мы в первую очередь просили следить за натрием.

Я помню, когда мы уже были дома, Саша заболел. Мы повезли его в ближайшую реанимацию, но они сказали чтобы мы ехали в другую больницу, они не занимаются такими сложными детьми. Но мы с мужем сказали, что они смогут, мы им все скажем. Нужна была проверка крови на натрий, кислород и рентген. И он опять пришел в себя.

И дома было улучшение, он даже немного переворачивался и был без кислорода.К нему приходила физиотерапевт, специалист для слепых и глухих детей, учила меня с ним общаться. К нам даже приезжала женщина из хосписа, которая играла ему песни на гитаре. Я ставила ему мультик про Лунтика и, он его обожал, а также песенки из мультфильмов. А он двигал ногой если хотел еще. Это был его способ говорить с нами. Я верила в чудо. Как глухой ребенок может просить мультики, как он чувствует что братья зашли домой, когда он на втором этаже? Он слышал. И видел. Возможно каким-то своим способом. Врачи говорили нет, но я знала что его слух улучшился и зрение. Он поворачивался к компьютеру и смотрел на экран.

Я могла гулять с Сашей в коляске возле дома. Только мы жили на горе, и когда было надо идти вверх, я из последних сил тащила тяжеленную коляску, с его аппаратурой. Но мы могли гулять. Все будет хорошо. Будет чудо. Я в это верила всем сердцем. А как может быть по другому?

Когда-то я даже обратилась к астрологу, и он сказал что я напишу книгу о нашем чуде исцеления. Как видите, книгу я написала, но только о другом.

Злость

Злость была на всех и на себя. Врачей, которые молчали и давали надежду. Я злилась на мам, когда они жаловались что их дети бегают, и не сидят в коляске. А я б и ногу и руку отдала чтобы Саша ходил, даже не бегал. Я злилась на всех, кто жаловался, как мне казалось, из-за какой-то ерунды. Ребенок много говорит, ребенок плохо ест, ребенок много ест, пошел дождь, порвалась куртка и так далее. Я злилась на себя и мужа. Я злилась на всех кто от нас отвернулся как-будто это заразная болезнь, на всех кто проигнорировал или говорил болезненную чушь. Я винила себя в том, что не настояла, чтобы кесарево сделали раньше, за то что ела или не ела, за свои грехи, меня ж наказали за что-то, может из прошлой жизни. Короче, всегда можно найти, за что себя винить. Но чувство вины больше всего было после смерти Саши. Я винила себя что его спасали, а также что дали ему уйти, и это не давало мне покоя. Я себя съедала изнутри.

Торг

Торг в основном был пока Саша был жив. После смерти, торга не было, а может я просто не помню. В чем он выражался? К кому я обращалась? К Судьбе, Богу, к тому кто может поменять шестеренки моей жизни, запустить их в другой реальности. Я хваталась за любую соломинку, когда летишь в пропасть, держишься за все, что можно и нельзя.

Я как-то стала подключилась к социальным сетям, к Синему киту, когда дети кончали жизнь самоубийством. И начинала с ними говорить. Я рассказывала как борюсь за жизнь сына, а он за нее цепляется, а они по своему желанию хотят ее закончить. И это помогало.

Мне казалось, что если я спасу другого ребенка, то спасут моего. Но когда Саша умер, мне было не до торгов вообще.

Депрессия

Депрессия меня накрыла по полной после смерти Саши. Пока он был жив было очень трудно, но теплилась надежда на чудо, за которое я держалась. Когда же чуда не оказалось, меня разорвало на кусочки. Собрать себя я не могла. Депрессия была просто ужасная. Я могла пропылесосить комнату и 15 минут отдыхать, не было сил никаких. Я еле поднимала себя с кровати. Я постоянно плакала. Встать и сходить в душ это был подвиг, нужно было набраться сил, чтобы это сделать. Я была очень близка к самоубийству. Я ездила на парковку в парк вечером, когда не было никого, и орала в машине и рыдала, Я пару раз уже шла спать, а потом вставала, одевала куртку на пижаму и бродила по улицам и рыдала под дождем. В конце мы переехали из нашего района, потому что каждое дерево и камень напоминали мне о боли.

Принятие

Как много я читала про это принятие. Мне оно казалось словом из другой вселенной. Как можно принять смерть своего долгожданного сына? Как? Как можно принять такую жестокую судьбу? Я читала про Стивена Кови, как у него заболел сын, он писал про то, что они с женой приняли болезнь сына, и она отошла. Мой торг был таким: "Я приняла, пожалуйста излечи его". Конечно, никакого принятия у меня тогда не было. Вообще этот уровень такой высоченный, даже если немного принять, уже становится легче. Даже если капельку. Достичь полного принятия - это я думаю под силу мудрецам, которые проводят жизнь в медитации в Гималаях.

Я много читала историй женщин, которые потеряли ребенка. Я искала про принятие, что это за зверь такой, а также мне нужно было понять, что когда-нибудь мне станет легче. Но, я видела то, что могла увидеть в то время. А именно истории женщин, которые каждый день из года в год ходили на кладбище, которые не могли оправиться от горе. Мне казалось, что принятия не существует, оно выдуманное. Вернее можно принять свою болезнь, или смерть родителя, бабушки или дедушки, но только не ребенка.

Мой личный опыт показывает, что когда даешь себе проживать все эмоции, все этапы горевания, то происходит заживание раны. Она никуда не исчезает, но уже не болит постоянно. Больше похоже на шрам, который всегда будет, но он уже меняет цвет. Нет такой кошмарной боли, которая была в первый год. Это не значит, что этапы проходят линейно, один за другим. Обычно все идет вперемешку. Можно принять какой-то факт, часть горя, и опять попасть в гнев, вину и депрессию.

Я чувствую, что я получила какой-то статус - я мама, потерявшая ребенка, я была на самом дне, но я выжила. Я знаю что такое быть внизу, что такое - все этапы проживания горя, я знаю, что такое дикая душевная боль. И я выжила, я могу об этом говорить, я не теоретик, я практик.

Я могу об этом написать, и возможно кто-то, кому сейчас очень плохо, прочтет эти слова, и это даст ему надежду, что есть свет в конце туннеля. Просто дышите, вдох, выдох, дайте себе пространство проживать все, что сейчас с вами происходит. Дайте этому название. Например: "Я чувствую вину, а это нормально, это часть проживания горя. Я в порядке, я просто человек. Все ошибаются. Может я и ошиблась тоже. " Если брать восточную философию, то карма приходит когда начинается ее время, изменить нельзя. Мы может и мыслить по карме, и желания могут начаться из-за нее, да и наш выбор, конечно, тоже.

Мое личное мнение, что можно верить в любую философию, главное, чтобы это приносило успокоение мне и не делало никакого вреда ни мне, ни другим.

У меня поменялось отношение к жизни. Я намного меньше обращаю внимание на пустяки, я получаю удовольствие только потому что все живы и здоровы. Я могу погрузиться в момент сейчас смотря на океан, и забывая обо всем кроме этого момента. Я могу потеряться в запахе свежей выпечки. Я чувствую боль других как свою. Я понимаю что мнения могут быть разными. Я ценю человечность, сострадание и любовь. Я не терплю лицемерие и ложь. Я помню как я в магазине купила маковый пирог и рыдала, потому что я сейчас дома буду пить его с кофе, спокойно, не спеша, это то чего я не могла себе позволить пока была реанимационной сестрой Саши. Для меня вообще все было чудом, я могу идти в туалет, а не терпеть несколько часов. Я могу сорваться днем и поехать купить багет потому-что очень нахотелось. Я могу погулять в парке и вернуться позже чем расчитывала. Множество мелочей, на которые мы не обращаем внимание, но когда лишаемся, то видим и ценим каждый момент. И я его ценю, очень, этот момент сейчас.

Я перестала спрашивать почему это произошло с нами. Верю что ничего случайного не происходит в этом мире, хотя смысла я могу, конечно, сейчас не понимать. Есть на все причины. Но это не важно. Произошло то что произошло. Это судьба и Сашина и наша. Я узнала что такое любовь, которая прожигает насквозь. Любовь, за которую ты готов отдать жизнь, только чтобы второму было хорошо. Боль, которая больше тебя самого. От которой даж больно дышать. Смирение, что ничего не можешь сделать. Не ты контролирующий даже в своей собственной жизни. Такова жизнь. Се ла ви. Все в ней бывает. Жизнь гарантий не дает. Нельзя постелить что-то мягкое, чтоб было не так больно падать. нельзя. То что есть. Принятие что то что произошло, было в моей жизни. Это уже часть меня. Я не забуду этого опыта, оно останется со мной до последней минуты моей жизни. Я просто учусь с ним жить.

Погружение в боль

Про погружение в боль я хочу сказать отдельно. Это лично мой опыт, но я вижу, что боль излечивается, если идти вглубь. Можно остаться на поверхности, избавиться от боли насколько возможно, кнопку "delete" нажимать: погрузиться в работу, переехать, развестись, родить еще ребенка. Я говорю про ситуации, когда убегаешь от самого себя, от раны. Стараешься ее игнорировать. Но на самом деле то она никуда не уходит. Это как после каждого приема пищи остатки еды выбрасывать за ковер. Внешне это выглядит также, даже горка может сильно не большой быть, но ведь будет вонять. Это гниль. Правильно, она гниет и воняет. Это ее характеристика. Также и с болью, она будет вонять изнутри. Может выйти как тяжелая болезнь, потеря отношений, глубокая депрессия. Можно начать принимать лекарства, и даже лечь под хирургический нож, как сделала я, но если не начать смотреть боли в лицо, то это может закончится очень грустно.

Вообще первый год после смерти Саши был очень тяжелым. Второй был волнами, то можно дышать то нет воздуха, постоянные триггеры выбивали почву из-под ног. На третий год, волны горя сбивали реже. Но я думаю, что боль не исчезает полностью, это ожог, который останется навсегда, но все-таки не будет так интенсивно болеть как в первое время. Я думаю, что традиции могут помочь в проживании горя, когда ты знаешь, что и как делать, когда есть поддержка близкого общества. У меня не было традиций, я сама искала, что может помочь. Я не знала праздновать ли Сашино день рождения, как отметить в календаре годовщину смерти. Это очень сильно било. В последние годы в годовщину смерти я ставлю свечу, даю себе пространство побыть одной, а также место для грусти и печали. Слушаю себя. А в день рождения покупаю или пеку торт, и мы с мужем и детьми задуваем свечу с новой цифрой. Ни семья, ни друзья - никто ничего не говорит. И я понимаю, что им больно об этом даже думать.

У меня боль переросла в опухоль в аппендиците. И если бы я случайно не сделала узи, то возможно, я узнала бы об этом, когда было бы слишком поздно. И даже когда обнаружили, что аппендицит может взорваться, и тогда сразу не сделали, так как больница была перегружена. А поздно ночью врач побоялся меня резать, сказала, что не нравится ей мой аппендицит, нет у него никаких внешних признаков воспаления. Что похоже на опухоль, а если ошибиться, и аппендицит лопнет в животе, то шансов на выживание у меня нет. Рак разойдется по крови во все органы сразу. Поэтому врачи боялись ко мне приближаться, но с другой стороны и тянуть не могли долго.

Операция прошла успешна, а потом с лаборатории пришел ответ, что это рак. Хорошо, что врач вырезал больше чем надо, так, на всякий случай, который и подтвердился. Так что кроме отходняка после наркоза и недельного заживления разрезов, я отделалась легким испугом. Врач сказал, что рак аппендицита в основном у мужчин, которым за 70. Но я не мужчина, и до 70 мне еще много времени.

Кроме этого я очень сильно поправилась, я заедала боль. Пыталась едой закрыть эту огромную дыру боли. Но пустые руки не занять продуктами питания.

Я думаю, что все-таки когда проживаешь боль, пережевываешь мелкие кусочки, то в конце боль перестает стоять посередине горла. Она начинает перевариваться и выходить.

Хочу отдельно сказать что меня спасала природа. Она лечит. Я живу в очень красивом месте, рядом с реками, озерами, океаном, лесами и горами. После смерти Саши, когда приехал дедушка, мы вдвоем с мужем уехали на берег океана на близлежащий остров. Я делилась своей болью с океаном. Мне казалось что боль намного больше озер и рек. Мне нужен был океан. Не видеть людей, ни с кем не общаться, а гулять в лесу и сидеть на берегу океана. Для меня природа - это лучшее лекарство. Также я это слышала от других людей. Есть места силы, дикая природа, где малолюдно и тихо.

Я могу сказать, что проживание горя - очень тяжелый процесс. Если вы смотрите боли в глаза, проживаете ее, то позвольте мне снять перед Вами шляпу и подать руку. Вы очень смелый человек, я Вас очень уважаю. Вы избранный. Далеко не все могут это сделать, далеко не у всех есть этот запал энергии. Поверьте мне. Только найдите поддержку. Одному очень сложно. Цепляйтесь за все, что помогает. У кого-то вера, у кого-то религия, у кого-то друзья, у кого-то семья, путешествия, мудрые книги и фильмы, и особенно опыт тех, кто тоже проходит этот путь. Будьте поддержкой друг для друга. Или держите образ того, кто прошел. Я Вам скажу, что я это проходила и прохожу. И есть свет в конце туннеля. Вообще есть свет и любовь, даже если Вы сейчас его не видите. Поверьте мне или не верьте и увидите сами. Держитесь за меня, я тут.

4

ИРА И ИЛЬЯ

Расскажите коротко про себя
    О себе. Я Ира, мне 38, дочке 17, живу в Киеве. Тогда было 30.
Расскажите про вашу потерю ребенка

"Такие не выживают"

Я когда-то себе придумала, что у меня будет трое детей, и рожать я буду в 20, 30 и 40 лет. Старшую дочь родила в 20. Лет через пять начала задумываться о втором ребенке. Уговаривала мужа, но он отнекивался. Забеременела неожиданно, с мужем уже год вместе не жили (хотя секс это не отменяло), и он решил что это не его ребенок, и фактически не участвовал в беременности и потом.

Поначалу все было легко и просто, без особого токсикоза, легкая угроза до 8 недель, самочувствие отличное, анализы в норме. Ездила с дочкой в Карпаты, где мой малыш впервые пошевелился - эйфория и радость. Вообще, настрой был "все хорошо, теперь нас с дочкой будет трое, и весь мир подождет". По приезду узи показало мальчика. Это было так необычно и радостно, и удивительно. Я в первую беременность была уверена, что будет мальчик, даже имя придумала, и только родив, узнала, что девочка.

Самый большой страх был, что ребенок будет такой же крупный, как в первый раз - 4590, я очень хотела, чтобы был поменьше. Дохотелась... Пдр ставили на 22 ноября. В конце июля я попала в село, мое место силы, как же мне там было хорошо, я даже думала остаться там до родов... Когда приехала, начались непонятные выделения. Анализы нормальные, на всякий случай положили на сохранение.

Месяц по разным роддомам, - все в норме, но держат. 24 августа вдруг начинают подтекать воды. Врач, кстати батюшка православный, отправляет меня в 7 роддом со словами "там хоть есть шансы спасти ребенка", там реанимация новорожденных недоношенных. 27 августа вечером начались схватки. В принципе, роды быстрые, как и первые - 5 часов.

Отношение медперсонала - это жуть. Врач (договоренности не было, не успела), считался одним из лучших в этом роддоме, выдавливал моего мальчика с криками "Раньше это был выкидыш". 28 августа в 22.25 на 28-29 неделе родился мой сын, 950 гр, 37 см. Неонатолог, который принимала его, сказала "такие не выживают". Я успела его увидеть. Он лежал ко мне головой, и смотрел на меня черным бездонным глазом, второй глаз закрывала прядь волос.

Меня перевели в палату и первое, что я сделала, это открыла окно и закурила в рассвет. Утром я написала подруге "Сегодня ночью родился Илья, шансов почти нет, помолись за него". Откуда я взяла имя, я не знаю. Оно само пришло, родилось вместе с моим мальчиком.

52 дня

И началась другая глава. 52 дня. Между раем и адом. Каждый день в 13.00 я стояла под дверью реанимации. Пускали ровно на один час. И каждые три дня та самая неонатолог, которая была на родах, встречала меня словами "такие не выживают". Он несколько раз пробовал дышать сам, но быстро сдавался, пробовал пить мое молоко, но отторгал. Три кровоизлияния в мозг, трижды переливание крови. Он был очень сильным, мой мальчик.

Как-то завотделением (а я знаю, что они стараются не персонифицировать пациентов) спросила, как его зовут и в кого он такой рыжий. Она сказала, что он очень активный и любознательный, во время всех процедур внимательно наблюдает и пускает пузыри. На руках подержать мне его так и не дали, все, что мне досталось - это окошко в кювезе, в него можно было просунуть руку и гладить его, а он хватал меня за палец и держал... Я пела ему колыбельные, рассказывала про сестру, и как сильно его ждут и любят дома, а он смотрел своими черными бездонными глазами... Я была уверена, что все будет хорошо. Просто не могло быть иначе.

А однажды, в пятницу, впервые за 52 дня я забыла дома телефон. Когда вернулась - три пропущенных с неизвестного номера. "К сожалению, ваш ребеночек умер"... та самая неонатолог. 19 октября. Проклятый день. Приехал брат и пришла подруга. Я полночи водила их по Троещине, и молчала.

Суббота. Муж и брат поехали со мной. Оформление документов. Морг. Та самая неонатолог в красивом розовом пальто при макияже со словами "Его до сих пор не привезли, теперь у нас с вами весь день испорчен"... Я помню, как ее зовут... Поиск по всему Киеву маленького гробика. Морг опять, я привезла одежду. Едем на кладбище, я сзади с гробом. Я ничего не понимаю. Я знаю, что в нем Илья. И не понимаю. Почему эти пошлые голубые атласные банты??? И при чем здесь мой сын? Гробовщик открыл гроб, я помню каждую деталь и не помню ничего. Синяя шапочка. Он похож на моего брата и бабушку. Осы, много ос, они искусали меня всю. Гробовщик давал мастер-класс коллегам, как сделать идеальный могильный холм. Закат. А потом туман. Туман...

Какое у все вероисповедание и помогает ли оно проживать потерю

Была христианкой. Разочаровалась и разуверилась. Как то постепенно сформировала свое личное мировоззрение.

Отношение семьи и окружающих к горю

Как-то все дистанцировались с момента родов. И по сей день избегают этой темы, но если я сама начну, то пытаются поддержать. Я почти никогда не начинаю.

Отношение между супругами, с детьми, которые были в семье на момент потери

С дочкой никак не повлияло. Как были близки, так и остались, может, еще ближе стали. Передает подарочки на кладбище, сама впервые съездила в прошлом году, по собственной инициативе. Хочет набить тату дракона, потому что Илья в год Дракона родился.

Чувствуете ли вы перемены в себе - трансформацию?

Перемены. Как я ощущаю сейчас, а прошло уже почти восемь лет, изменения начали происходить тогда, когда я начала принимать то, что произошло. Не умом, а душой, сердцем. И могу сказать, что это очень мощные изменения, перемены, трансформация, пока не знаю какая, но точно знаю, что это будет лучшая версия меня для себя самой в сложившихся обстоятельствах.

Происходили ли события, которые сложно объяснить с помощью обычной физики

Мистика. Она была и есть. В первую очередь это мои сны - вещие, предвещающие, показывающие то, что осталось за кадром, и впоследствии вскрылось.

Как проходили этапы проживания горя?

Отрицание. Наверно, его не было. Хотя, возможно, периоды ступора, когда я лежала часами и смотрела в одну точку это оно и было. И первые стихи об этом.

Злость. Да. Часто на себя. На религию. На окружающих. Больше на себя, пока я не поняла, что я не виновата.

Торг. Не могу сказать, не мое, видимо.

Депрессия. Да. Во всей красе, с алкогольной зависимостью, суицидальными намерениями, долго, года три точно. Потом вялотекущая хроническая еще года три. И теперь периодически накрывает.

Принятие. Да. Сейчас да. Я все равно считаю, что это несправедливо, что Илья умер. Но это так. Я жива. Да, я каждый день думаю о нем, представляю его в ежедневных событиях. Я езжу на кладбище и разговариваю с ним. О нем редко.

Это мое. Моё счастье, моя радость, моя боль, моя потеря. Моя любовь, мой маленький большой мальчик, мой сын. И я рада, что я живу, вижу, как растет моя дочь, вижу сирень и небо, сажаю рассаду и туи, слышу ветер и музыку, целую на ночь дочку и маму, вышиваю и пишу стихи. Я очень сильно по нему скучаю. А ещё - по себе, той, которая была 28 недель и 52 дня, но не случилось.

Ангел, задев крылом,
Взмыл с высокой башни
Знаешь, мне повезло
Хоть и очень страшно
Ползать теперь во тьме -
Не хватает света.
Я отдалась зиме
Накануне лета
Да, он приходит в снах,
Я беру на руки
Странная тишина
Все молчит, ни звука
Мне не понять, как так?
Там же все иначе?
Пусть хоть моя рука
Что-нибудь, да значит
Если приходит он
Со своей планеты
В мой беспокойный сон
В мертвый холод лета
Крепко держу, реву
Только б не проснуться!
Прячу себя в траву
Сплю коряво, куцо
Тихо молю, молюсь
Пусть мне все приснилось:
Крепкий мой саван грусть
И твоя могила...
Ангел, задев крылом

Улетал все выше
Мне же остался ком
И пустая крыша...
08.04.13 00.52

5

ВИКТОРИЯ И МАКСЮША

Расскажите коротко про себя

Когда все произошло мне было 27 лет. А сейчас с того самого страшного дня прошло уже 3 года и 2 недели. Максюша был нашим первенцем.

Расскажите про вашу потерю ребенка

Несмотря на то, что мы с мужем планировали беременность, когда я увидела 2 полоски у меня были очень смешанные чувства - и радость, и страх, и растерянность, и сомнения одновременно.

Беременность проходила очень хорошо и меня ничего особо не беспокоило. Мы много путешествовали, отдыхали, готовились к рождению сыночка - занялись обустройством квартиры. - мы не так давно переехали, и малыш стал для нас стимулом завершить обустройство квартиры. Мы часами выбирали детские товары, читая тысячи отзывов и обзоров, чтобы убедиться, что выбранное действительно самое лучшее для него; мечтали, как поедем отдыхать все вместе.

Мы все его очень сильно ждали! Уже до рождения он был залюблен всеми близкими.

Роды тоже прошли хорошо, помню, даже выйдя из роддома говорила, что если так всегда все проходит, то можно и каждый год рожать. С малышом тоже все было хорошо - никаких вопросов и претензий к здоровью ни у врачей в роддоме, ни у домашнего педиатра в целом не было, а какие-то незначительные моменты были в рамках возрастной нормы и должны были с ростом пройти.

Сейчас я понимаю, что Максюша был идеальным ребенком - он никогда не плакал, когда его одевали; и вообще не плакал зря; мы с ним могли вместе спать до 12 дня с короткими просыпаниями на еду! И еще он всегда был каким-то очень осмысленным и осознанным, и очень быстро развивался, значительно опережая своих сверстников. И я так пишу не потому что это мой ребенок и я, как и любая мама, считаю, что "мой - самый лучший". Нет, он действительно был другим, необычным ребенком, как будто бы знал, что нам отведено совсем немного времени вместе и хотел нам показать себя "во всей красе", чтобы мы все по максимуму насладились нашим временем. Даже сейчас, когда у многих наших друзей родились свои дети, они, пересматривая наши видео с Максюшей, каждый раз говорят "все-таки он у вас был особенный, не такой как все". В общем, в нашем новом этапе жизни, родительстве, не было поводов тревогам и беспокойствам.

Я хорошо помню один момент - была ночь, я только покормила Максюню и положила его спящего в кроватку, а сама присела на кровать, собираясь ложиться. И ощутила такое умиротворение и спокойствие - темнота, тишина вокруг и только слышно попеременно глубокие ровные дыхания двух любимых мной людей - мужа и сына. Я еще подумала, что вот это и есть счастье.

Все случилось достаточно неожиданно - в 2,5 месяца он стал более спокойным, иногда чуть более капризным, но т.к. никаких других изменений не было, например, температуры, не стал меньше кушать или больше спать, мы списывали это на непредсказуемую и переменчивую апрельскую погоду. Через пару дней, в выходные, он стал вялым и сонливым, но у нас были гости - приехали бабушки и дедушки. У меня в этот вечер был запланирован первый выход в свет после родов - на концерт, поэтому мы решили, что, если ничего не изменится, - вызвать в понедельник врача.

Но понедельника ждать уже не пришлось. В воскресенье на улице у Максюши случился приступ - он стал сильно плакать, сильно побледнел, губы посинели. Мы испугались и вызвали скорую. К моменту их приезда уже все прошло, и он дремал, поэтому они решили, что он просто подавился во сне на прогулке, но все же согласились для нашего спокойствия доехать до больницы. После рентгена нам поставили воспаление легких и оставили там.

Это была не та больница, которую хочется ставить всем в пример, поэтому к счастью, нам удалось уже на следующий вечер перевестись в другую. Это было правильное решение - я уверена, что останься мы в первой больнице наша история закончилась бы намного раньше.

При поступлении во вторую больницу нас тщательно обследовали - горло, кровь, температура - все было в норме, и врачи предполагали что-то иное, а не воспаление легких, поэтому очень удивились сделав повторный рентген и увидев именно его.

Я очень долго себя корила в том, что не придала значения тем симптомам Максюши, которые у него появились в последние дни дома, что думала про концерт, про гостей, а не про сына. Что вызови я врача, все бы было по-другому. Но множество врачей в последующих разговорах подтверждали, что вряд ли кто-то в рамках обычного осмотра на основании хорошей крови, температуры, чистого дыхания, заподозрил бы воспаление. Я до сих пор очень часто повторяю себе это, потому что до конца так и не могу себя простить за это и "а если бы..." так и останется со мной.

И все же, несмотря на диагноз, это не казалось чем-то очень страшным. Да, пневмония - это серьезно, но мы под контролем врачей, они спокойны, и воспаление не такое большое. Но дальше все полетело как снежный ком. Уже на следующий день вечером случился новый приступ, упал кислород в крови, и через пару часов Максюша уже был в реанимации.

Даже сейчас спустя 3 года я могу по минутам восстановить в памяти те дни в больницах - как мы кушали, спали, играли, как он плакал когда случился приступ, как лежал под кислородной маской, как мы бежали с врачом в реанимацию по пустым ночным коридорам с Максюшей на руках, а его крик был еще громче, отражаясь от стен, те полночи, проведенные под дверью реанимации до того момента, как наконец-то вышел врач, сказавший, что Максюня был в очень тяжелом состоянии, но им удалось его стабилизировать и еще очень много таких "как". По минутам в памяти - все больничные дни и следующие за ними дни похорон и после. Но тогда мы все еще были убеждены, что совсем скоро мы снова будем дома все вместе.

Каждый день мы с мужем приезжали в реанимацию к 12 часам, чтобы получить информацию о текущем состоянии, каждый день нам говорили, что все стабильно тяжело. Нам повезло в том, что на тот момент родителям разрешали хотя бы на немного заходить в реанимацию к своим малышам и каждый день мы приходили к нашему маленькому малышу, обвешанному трубочками, и, держа его за ручки, пели ему нашу с ним песню, рассказывали, как все мы его ждем дома и уверяли, что совсем скоро его снова переведут в обычную палату. Именно в первые дни реанимации мы впервые услышали от врачей, что пневмония лишь вершина айсберга, а истинные причины такого состояния кроются глубже, и что вероятно все это началось уже давно. Состояние ухудшалось, все системы и органы работали все хуже, никто еще так и не знал, что же это, так как часть анализов еще были на исследовании, а мы все еще были уверены, что все будет хорошо.

В один из дней нам сообщили, что сегодня Максюше стало лучше, его даже вывели из искусственного сна и он утром улыбнулся врачу. В этот день ему исполнилось 3 месяца. Мы обещали ему, что сразу же от него поедем сегодня в магазин ему за подарками, а он смотрел на нас впервые за последние дни и уже не мы, а он крепко держал нас за пальцы своими ручками. Мы так радовались - казалось, что самое страшное уже позади!

А на следующий день, когда мы приехали, нам сообщили, что Максюня опять в искусственном сне, что утром ему резко стало плохо и что врачи сумели справиться. А через пару часов как мы вернулись из больницы он умер.

Какое у все вероисповедание и помогает ли оно проживать потерю?

Вообще, я верующая, и очень рада, что мы крестили Максюшу до того, как все произошло, сейчас мне спокойнее от этого. Но когда все только случилось, не могу сказать, что нашла большое утешение в вере. Я периодически ходила в церковь, молилась за сыночка, и не могла понять, как вообще Боженька мог такое допустить, почему и за что, почему именно он. Откуда-то у меня появилась книга какого-то священника про потери, я честно пыталась ее прочитать, но все, что было написано в ней, совершенно не отзывалось и не трогало, а скорее вызывало протест и неприятие.

Помню примерно через год, а может чуть больше, после потери, мы оказались в одном монастыре на службе. На исповеди я рассказала священнику про Максюшу, что никак не могу отпустить, перестать об этом думать, на что получила ответ, который до сих пор вызывает у меня злость: "нужно радоваться, что сынок уже в раю, куда все мы только стремимся и еще не факт, что там окажемся, несмотря на все наши усилия. А он уже там...". Не знаю, чего я ждала, но явно не "надо радоваться".

Мои мысли были: "Если мне надо радоваться, тогда почему же все эти родители выглядят такими счастливыми, обнимая своих деток перед сном, подкидывая их в воздух на прогулке, наслаждаясь их заливистым детским смехом?! Навряд ли он говорит родителям живых деток, чтобы они расстраивались и переживали о том, что их дети живы и еще не в раю". Тот разговор не только не принес мне утешения, а только откинул назад.

Первые несколько месяцев после смерти Максюши были самыми мрачными и какими-то тягучими, как-будто ты в трясине и ощущение, что единственно возможный путь - только погружаться еще и еще глубже. В тот период я испытывала такую ярость, глядя на мир вокруг, на всех окружающих - за то, что все эти незнакомые люди продолжают жить как ни в чем не бывало, что они не знают о Максюше, не думают, не плачут о нем. Тогда я несколько раз всерьез думала о том, чтобы закончить все это, не понимая зачем жить, если мой мир никогда уже не будет прежним, я уже никогда не буду счастливой, а наш сын уже никогда не будет вместе с нами.

Меня остановили несколько мыслей. Первая, когда я стояла на мосту и смотрела на проносящийся на большой скорости внизу поток машин и думала о том, как все это легко прекратить. Что будут чувствовать мои родители и как они смогут жить дальше, если сейчас им безумно больно от потери внука, а потом они еще вдобавок будут чувствовать боль от потери единственного ребенка? То же самое, что я чувствую сейчас внутри, - они точно не заслуживают этого. Это как-то отрезвило. А вторая - в нашей вере самоубийцы никогда не могут попасть в рай, а если, как все говорят (и я в это верю) души наших деток в раю, то получается я сама себя лишаю шанса встретиться с сыном и там. Даже представила себе эту картину как-то, что вот вижу его наконец, он так близко - хочу обнять, но не могу. Может быть, это глупо, но мне тогда эти размышления помогли начать думать в другую сторону.

Сейчас, спустя эти годы, я до сих пор не знаю почему и за что так случилось, но уже почти и не задаю себе эти вопросы. Я верю в Бога, молюсь за сыночка дома и в церкви. Я просто не имею права не верить: если душа Максюши в раю, то отворачиваясь от Бога, я будто отворачиваюсь и от сына.

Кроме того, за это время произошел ряд сложно объяснимых вещей, связанных с нашим малышом, что еще больше укрепило меня в вере.

Наверное, сильно воцерквленный человек, прочитав мои рассуждения на эту тему будет в ужасе, но как есть.

Отношение семьи и окружающих к горю

Случившееся стало шоком для всех. Для нас и наших родителей, потому что никто из нас даже не думал, что такой исход вообще возможен. Для наших друзей и приятелей это было вдвойне неожиданно, потому что на период больницы и реанимации мы выпали из общения, было не до этого и никто не знал, что Максюша вообще заболел.

Нам очень повезло с друзьями. Сначала мы не хотели никого звать на похороны или просто не думали об этом, но потом накануне самих похорон резко решили написать самым близким друзьям. И я считаю это было очень правильным решением. Несмотря на то, что мы решили похоронить Максюню в моем родном городе, в 200 км от Москвы, все наши друзья, не задавая никаких лишних вопросов, не расспрашивая, просто были в назначенное время у церкви. Также было и через год - все снова приехали на кладбище и провели день памяти с нами. Я знаю, что некоторые наши друзья, кто живет в том городе, иногда заезжают к Максюше, уже без нас.

Многие пишут нам поздравления в его день рождения и слова поддержки в день памяти. Для меня это очень важно.

Мы много говорили с друзьями о случившемся в разное время, но все говорили о том, как сильно случившееся повлияло на них, заставило что-то пересмотреть, переобдумать. Максюша оставил свой след в душе каждого из них.

Но были и друзья, приятели, с которыми мы сильно отдалились или вообще перестали общаться. С некоторыми это произошло по моей инициативе, - я не могла понять ни настойчивых попыток пообсуждать со мной радости беременности и ожидания малыша впервые месяцы после произошедшего с нами от одних, ни восклицаний "как же они соскучились по прежней Вике" от других - ведь я уже никогда в жизни не буду прежней. Некоторые люди сами исчезли из нашей жизни в тот момент.

На работе, куда я вернулась примерно через месяц после трагедии, меня очень поддержала руководительница и несколько коллег. Я очень благодарна им, что они готовы были слушать про Максюшу снова и снова, смотреть его видео и фото, когда понимали, что это именно то, что мне сейчас нужно. Или иногда, когда рыдания накатывали так внезапно, и я пыталась их сдерживать, но от этого выходило еще громче, коллега, сидящая со мной в одном кабинете, делала вид, что ничего не замечает, а потом приносила мне запас салфеток из кухни, ничего не спрашивая и не предлагая сочувствий, которые мне и не нужны были именно в тот момент. Единственное, что нужно, чтобы боль хоть немного вышла через эти рыдания. Зато после того как я успокоюсь, предлагала посмотреть какие-нибудь еще видео моего малыша и повспоминать его. Лишь через полгода я узнала, что к нам периодически приходила со своим маленьким ребенком коллега, находящаяся в декрете, и что начальница специально подстраивала все так, чтобы мы с ней никак нигде не пересеклись, и я даже не узнала об их приходе. Сейчас я понимаю, что это большой труд быть с человеком в его горе и разделять его.

Но были и другие моменты и совсем другое отношение к случившемуся. Были те, кто осознанно говорил больные и страшные вещи. Например, достаточно близкие коллеги, которые через 1,5 месяца после того, как Максюши не стало, на мою просьбу продолжить обсуждение чьих-то родов после обеда, когда мы все разойдемся по своим кабинетам и меня рядом не будет, ответили, что мол "хватит тут уже страдать, все уже прошло, надо жить дальше, а мы не можем думать, что при тебе можно говорить, а что нет".

Или те, кто говорил все эти шаблонные фразы-утешения, после которых хочется просто взвыть, а ты просто стоишь, смотришь перед собой и думаешь, понимает ли вообще человек смысл своих слов. Все эти "ничего, родите еще", "надо вам срочно родить другого ребенка", "хорошо, что сейчас пока он маленький" и т.д. Уверена, все мамы, потерявшие деток, слышали это. Окружающие, не прошедшие через это, не понимают, что ты плачешь и страдаешь не просто по детям, а по своему конкретному малышу, которого уже никогда не вернешь, единственному и неповторимому, и которого никогда не смогут заменить все дети мира.

В целом, после случившегося, не сразу, но я сильно пересмотрела свой круг общения, снизив до возможного минимума общение со всеми людьми, от которых не получала поддержку, которые случайно или преднамеренно ранили. И жалко, что у меня не хватало сил и решимости сделать это раньше.

Я еще раз убедилась, что мне очень повезло с семьей. Да, мы все были и остаемся очень разными, но случившееся - наша общая трагедия. Остается и будет такой.

Мы как-то старались держаться вместе, несмотря на то, что каждый проживал это горе по-своему, своим способом, не всегда понятным и близким другому, находился в конкретный момент на своем этапе проживания горя и в большинстве случаев наши траектории не пересекались, а еще все дополнялось и своими особыми переживаниями каждого из нас. Например, наши родители помимо потери внука переживали и за нас с мужем, за нас как за своих детей, и за нас как за семью, и за своих родителей - как они вынесут эту утрату. Но несмотря на все различия, тем не менее мы были вместе. Хорошо помню момент, когда мы все приехали на кладбище через несколько месяцев после. В те месяцы меня постоянно тянуло туда, и я могла часами сидеть на могилке у сына, и даже пару раз всерьез думала о том, чтобы поставить там палатку. Мы приехали все вместе, и я понимала, что все уже готовы уезжать, а мне хочется побыть еще и побыть одной. Мы договорились, что они поедут домой, а я останусь и вернусь сама, достаточно "набывшись". Не знаю сколько времени в итоге я там провела, но выйдя за ворота кладбища, увидела знакомую машину и мужа с нашими родителями, которые все это время терпеливо ждали - "ведь мы же одна команда", как они сказали мне тогда.

Мы всей семьей каждый год собираемся на Максюшин день рождения и день памяти. Его день рождения вообще особый день. День, в который, конечно, и очень грустно, но все же мы все стараемся больше сосредотачиваться на том, что это тот день, который в который мы стали родителями, бабушками и дедушками, вспоминаем, что Максюша нам дал и чему научил каждого из нас, каким чудесным малышом он был, какие-то веселые моменты - у каждого из нас есть свои любимые истории. В этот день мы всегда готовим как на обычный праздник и в программе обязательно есть торт со свечкой-цифрой, которую мы задуваем все вместе на счет "три".

Вскоре после того как Максюши не стало, в одной из групп в социальных сетях я увидела пост девушки из Израиля - она рассказывала про вечеринку в честь дня рождения своего умершего ребенка - на фотографиях были куча друзей, шаров, праздничных украшений. В тот момент мне показалось это таким диким и непонятным, как такое вообще может быть. А сейчас мы сами каждый год отмечаем Максюшин день рождения, но в более спокойном, семейном, комфортном именно для нас формате.

Разумеется, были и свои сложные моменты в наших отношениях друг с другом, когда мы не понимали друг друга и, может быть, и не могли понять. Какие-то поступки и слова казались кому-то из нас резкими, странными, непонятными, иногда обидными и ранящими, но это было не от желания причинить боль, а именно потому что мы все разные и у каждого свои представления как правильно поступать, а еще от желания, чтобы твой близкий человек скорее оправился и смог снова встать на ноги. Например, мой папа постоянно твердил мне, что нужно как можно скорее возвращаться на работу, что уже пора перестать плакать, что нужно думать о живых, а не мертвых. Сначала я думала, что он так говорит, потому что сам уж "переболел" и не понимала, как он мог так быстро, злилась на него. Лишь потом я поняла, что все его те слова были вызваны заботой и переживаниями обо мне, думал, что работа поможет отвлечься, пытался помочь мне выплыть так, как мог в тот момент. На самом деле очень многое понимаешь потом, в ретроспективе, но в момент острого горя невозможно посмотреть на все это со стороны.

Отношение между супругами

Если говорить об отношениях в паре, то после потери нам с мужем было очень сложно. Мы очень по-разному проживали свои эмоции, - он глубоко внутри, я больше пыталась их выплеснуть наружу. И в те моменты я думала, что он недостаточно сильно переживает, что для него случившееся вовсе и не так важно. Я была в шоке, когда он сказал, что собирается на свадьбу к одному из лучших друзей через 1,5 месяца после того как Максюши не стало. Мы много ругались из-за этого, в итоге никто никуда так и не пошел, но совершенно по другим, не связанным с нашей ситуацией, причинам. Но я все равно не понимала, как вообще такая мысль может появиться, как можно идти и веселиться, когда у тебя только что умер сын. А он не понимал, как можно не пойти и не быть со своим другом в такой важный для него день, и почему он не должен искренне радоваться за лучшего друга, - ведь есть и другая жизнь, помимо нашего горя, и в ней продолжают происходить радостные события, и что одно совершенно не отменяет и не уменьшает другого.

Для меня же вокруг не было ничего, кроме произошедшего и связанного с этим. Я смотрела на него и не понимала, как мы можем дальше быть вместе. Меня постоянно кидало в своих мыслях - то я не представляла, как мы можем жить друг без друга, то думала о том, что наша семья умерла вместе с Максюшей. Эти мысли хаотично сменяли одна другую, в течении пяти минут я могла несколько раз переходить от одной к другой. При всем при этом муж, будучи очень категоричным в некоторых вопросах, как, например, со свадьбой, постоянно был рядом и очень сильно поддерживал меня все это время - на все мои слезы и крики, что нам надо разойтись, он только говорил "да, да, если ты действительно считаешь, что так будет лучше" и обнимал меня, давая прорыдаться, и так каждый раз.

Пусть он не делился со мной своими чувствами и переживаниями, и я по-прежнему думала, что его переживания недостаточно сильны ("недостаточно" для кого?), он выслушивал мои эмоции, переживания, рассуждения и выводы, к которым я приходила относительно произошедшего. Я тогда сильно погрузилась в группы поддержки в социальных сетях для мам, оказавшихся в такой же ситуации, и чужие истории сильно помогали мне переосмыслить происходящее внутри и вокруг меня. Уже гораздо позже я узнала, что ему было очень тяжело слушать все эти истории и рассуждения, - помимо своей боли внутри, приходилось еще и пропускать через себя чужую, причем зачастую в моменты, когда ты меньше всего к этому готов. Но я об этом в тот момент и не думала. И, навряд ли могла подумать.

Но это не значит, что все было постоянно плохо и что мы только без устали ругались - нет, мы жили как обычно, готовили, ездили по магазинам, обсуждали прошедший на работе день по вечерам, но вся эта обычная жизнь была вперемешку с моментами, описанными выше.

Когда я обдумывала, что здесь написать, я спросила мужа были ли у нас сложности, когда мы потеряли Максюшу. Он не задумываясь сказал "да и очень большие - ты постоянно плакала и хотела развестись". Но его версия причин иная - ему кажется, что это из-за того, что я таким образом пыталась уйти от боли, думая, что стоит избавиться от всего связанного со случившимся, как сразу же станет легче. И пусть я считаю, что это не основная причина, но частично он прав. Действительно в тот момент меня посещали такие мысли - то резко хотелось сменить работу, то бросить все и переехать жить в другой город или страну, как будто это могло бы помочь.

Все это длилось несколько месяцев, мне кажется, через 4-5 месяцев наступил предел, а потом все пошло на спад. Во многом это связано с тем, что я внутри начала хоть немного успокаиваться и смогла хоть немного слышать окружающих, их чувства, и потребности.

Сейчас я понимаю, что все эти сложности были вызваны не столько тем, что каждый проживал беду по-своему, а с тем, что мы не могли поговорить об этом друг с другом, именно объяснить, что у каждого из нас внутри - своя боль. Она вроде и общая, но в тоже время такая разная. Мы не готовы были услышать и принять, что может быть по-другому (хотя, это, наверное, больше про меня). Про все эти внутренние чувства и переживания очень больно и говорить, и слушать. Очень страшно открыто говорить о своих ранах даже близким людям, потому что, если вдруг тебя не поймут, скажут какое-то неосторожное слово или отреагируют не так как ты ожидал, - это ранит еще сильнее, и ты стараешься оберечь себя от этого, замкнув свои переживания внутри.

Оглядываясь назад, я очень рада, что в тот момент никто из нас не поддался эмоциям и не совершил импульсивных поступков, что мы вместе сейчас. Мы очень много говорили о случившемся за эти годы и одинаково относимся к нашему родительству, - Максюша наш сынок, хоть и не с нами физически, и мы часто вместе думаем о нем и вспоминаем его. Можно сказать, что мы как пара стали сильнее и намного ближе друг к другу после случившегося - легко сейчас думать так, но на это ушло очень много времени, сил, внутренней работы и терпения от нас обоих. И любви. Если бы ее не было бы изначально, то точно не было бы и ничего сейчас.

Какие у вас произошли изменения после смерти ребенка?

Как я уже писала выше, сейчас с того самого дня прошло три года. За это время произошло много изменений, которые так или иначе связаны со случившимся. Я сменила работу - мысли об этом были еще и до декрета, но я постоянно откладывала это решение на потом. Сразу после возвращения на работу у меня снова были мысли об увольнении, но они были скорее связаны с желанием резких перемен, попытками убежать от всего привычного и напоминающего о произошедшем. Не думаю, что у меня в действительности были силы на смену работы в тот момент, - нужно было собирать себя по частям и одновременно вливаться в новый коллектив и привыкать к новым обязанностям. Я ушла через десять месяцев после того страшного мая, девять из них проведя на работе, немного окрепнув и осознанно, спокойно найдя именно ту работу, которую хотела.

Еще мы переехали в другой район, но тоже не сразу. У нашего тогдашнего места жительства был ряд недостатков, которые вроде бы и были не очень критичны, но доставляли некоторые неудобства. К тому же все вокруг - и в квартире, и районе, было связано с Максюшей. Мы переехали в эту квартиру незадолго до того, как узнали, что он у нас будет, и у нас не было другой истории там. Все вокруг постоянно напоминало о нем. И как-то незаметно мы пришли к мысли, почему бы не посмотреть куда можно переехать, потом достаточно много времени занял переезд и все с ним связанное, но вот уже полтора года мы на новом месте. Сначала меня еще тянуло в наш прежний район, хотелось приехать туда, пройтись, прожить что-то еще раз на том самом месте, но сейчас понимаю, что все эти воспоминания и так живут во мне и я могу возвращаться к ним, когда захочу, без привязки к месту.

Мне кажется, я очень сильно изменилась за это время и Максюша меня очень многому научил, в том числе и своим уходом. В первую очередь я стала более чувствительной и сопереживающей чужой беде, потере. Стала больше ценить жизнь, ее возможности и все то, что есть у меня сейчас, поняв на собственной шкуре, как иногда быстро и неожиданно можно потерять. Я стала больше ценить нашу семью и сложившиеся в ней отношения и вообще, пересмотрела свое отношение к семье, детям.

Раньше я воспринимала детей как нечто само собой разумеющееся, что будет и так, просто потому что так должно быть, а иногда и даже как некоторый "груз", мешающий грандиозным планам о завоевании мира, путешествиях, беззаботных развлечениях. Сейчас для меня семья и дети - на первом месте, и задача - сделать все, чего я хочу, без ущерба для них. Хотя иногда и сейчас автоматически всплывают старые шаблонные мысли, но тогда надо просто вспомнить про Максюшу и все сразу встает на свои места. А если у меня это не получается, муж очень хорошо справляется с задачей найти правильные слова в нужный момент и помочь мне вернуться на выбранный мной новый путь.

Но изменения были не только позитивными - в каких-то моментах стало сложнее верить в себя, в свое тело. С ним я вообще долго выстраивала свои отношения. Первое время я ненавидела его за все следы после беременности как лишнее напоминание о случившемся, за молоко, которое продолжало идти еще много недель, когда уже нет того, кому оно предназначалось. Потом это сменилось противоположной любовью к каждой после-беременной растяжке на животе как памяти о сыне, и только много спустя я перестала каким-то образом (негативным или положительным) связывать свое тело со случившимся.

Вообще, только через два с половиной года я поняла, что снова начала "жить и чувствовать" по-настоящему. Хотя мы большую часть времени до этого вели активную жизнь, много путешествовали, работали, отмечали праздники, радовались чему-то, но я будто бы проживала это не в полную силу, - это как звуки, доносящиеся сквозь толщу воды, вроде ты их и различаешь, но все равно они отличаются от тех, которые слышишь на суше. Я называю этот момент "разморозкой". Но не могу сказать, что стало легче. Реже стало сильно больно - это правда. И не знаю смогу ли я когда-либо дойти до последней стадии проживания горя - "принятия", можно ли вообще когда-то полностью такое принять. Научиться с этим жить, контролировать свое состояние, найти способы, помогающие пройти самые тяжелые моменты - да, но принять - наверное, никогда.

Что вам помогает продолжать жить?

Если говорить о том, что помогло мне в начале, - это в первую очередь поддержка семьи и то, что они были рядом с нами все это время.

В некоторой степени помогли занятия с психологом, но помимо того, что это и так очень ресурсозатратная история, еще и очень важно найти именно своего специалиста. В разное время я прорабатывала состояние с тремя психологами с совершенно разными подходами. После встреч с первыми у меня было только опустошение или раздражение - может, я на тот момент не была к ним готова или они сами, или их подходы мне не подходили. И только с третьим из них я почувствовала улучшение - это была психолог фонда "Сердце открыто", специализирующегося именно на помощи родителям, потерявших своих деток.

И очень помогали группы мам, тоже потерявших своих детей, в социальных сетях. Я немного писала там сама, в моменты, когда думала, что разорвет изнутри, если не вылить это наружу, но больше читала. И через чужие истории, эмоции, чувства, я лучше понимала себя - понимала, что все эти женщины чувствуют те же самые раздражение, отчаяние, пустоту, ненависть. Это значит, что не я - плохая, а то, что это - нормально, - испытывать эти эмоции в текущих обстоятельства. Понимала, что все сталкиваются с одинаковыми обесценивающими фразами от окружающих из серии "ничего, родишь еще" - и значит это не конкретно мне хотели сделать больно, а в целом наше общество не умеет еще выражать свое сочувствие и поддержку в таких ситуациях. Понимала, что если сейчас кажется, что вроде бы стало лучше - завтра, а может уже через час, я снова могу оказаться в самом начале, потому что в действительности проживание горя идет не как нарисовано на схемах в учебниках, - тебя кидает с одной стадии на другую, хаотично, вразнобой, минуту ты - на одной, а потом на неделю зависаешь на другой, и так снова, и снова. Осознавала, что нормально сильно плакать и через месяц, и через год. Или, наоборот, не плакать вообще, и что здесь вообще в любом из этих аспектов нет понятия "не нормально" - "нормально" все, что ты чувствуешь в конкретный момент и все эти чувства, эмоции и мысли нужно обязательно полностью прожить. Один только важный момент, который я поняла лично для себя, - нужно вовремя перестать читать эти истории. В какой-то момент, когда становится чуть легче, я поняла, что каждая новая прочитанная трагедия возвращает меня назад, в мое "начало", и что моих сил не хватает ни на них, ни на себя.

 Также в начале, как я писала, очень помогали разговоры с людьми, которые готовы были слушать про Максюшу - друзья, некоторые коллеги. Мне постоянно хотелось говорить про него снова и снова, и я очень благодарна тем, кто был рядом в те моменты и просто слушал. Это помогало фокусироваться на том какой он замечательный, а не на мыслях о том, что его больше нет.

 Получилось, что многие из нашего окружения, на работе даже спустя несколько месяцев так и не знали о произошедшем. Меня постоянно спрашивали с кем же остался малыш, и почему я так рано вернулась на работу. Мне приходилось снова и снова отвечать на одни и те же вопросы и, зачастую, они заставали меня врасплох. Я была как съежившийся воробушек - я смотрела на каждого и оценивала, знает или не знает, спросит или не спросит. В один момент я поняла, что больше так не могу и написала пост про Максюшу на своей странице в социальных сетях. Пост был про Максюшу, про то как он нас радовал, про какие-то наши моменты и, конечно, про то, что его больше нет. Это было правильное решение. Во-первых, количество вопросов резко сократилось, а во-вторых, это я поняла уже потом, это стало для нас некоторым способом познакомить мир с Максюшей, ведь сам он успел познакомиться лишь с немногими, а сейчас про него знают многие.

Тогда же я занялась сбором всех возможных фотографий и видео с ним, созданием фотоальбома. Почему-то было очень важно, чтобы все они были правильно сохранены и сортированы, и каждая была хронологически на своем месте. Сейчас в нашей папке собрано все, даже видео от дедушек и бабушек, которые мы снимали до его рождения с целью показать потом на 18-летии. На каждый день рождения и день памяти мы все вместе пересматриваем фото и видео в альбоме или на компьютере, да и часто обращаемся к ним в обычное время.

Также поставить некоторую точку помогло окончание "медицинской части". Много времени и сил было потрачено на общение с врачами, поиски нужных специалистов, способных объяснить, как же все-таки могло произойти так, что у здорового, как мы думали, ребенка оказалась какая-то давняя скрытая инфекция (что подтвердилось после смерти), которую почему-то никто не мог обнаружить ни во время беременности, ни после, до момента, пока не стало слишком поздно.

Большинство специалистов перекладывали вину друг на друга - педиатры на гинекологов, гинекологи на педиатров, кто-то говорил, что нужно посмотреть генетику или еще что-то, но все заканчивали тем, что хватит думать об этом, нужно жить дальше. Но как жить дальше, когда твоего ребенка больше нет, а ты даже не понимаешь, как такое могло произойти, где и что пошло не так и можно ли это предотвратить в будущем. Это был очень долгий и непростой путь, но к счастью в конце концов мы нашли тех врачей, больших экспертов в своем деле, которые смогли объяснить всю цепочку, а мы насколько могли - поняли ее.

Это оказался безумно редкий случай, даже несколько редких моментов, которые по трагической случайности наложились у нас один на другой. От этого не становится легче, и Максюшу нам эти знания не вернут, но все же это помогло снизить свое чувство вины, перестать по кругу думать "где мы сделали ошибку" и прийти туда, где мы сейчас.

Сейчас, как я уже писала, Максюша - часть нашей жизни и сегодня, часть нашей семьи и он с нами навсегда. И я очень рада, что у всей нашей семьи, друзей к этому такое же отношение.

Ни у кого из нас нет ощущения и даже и мысли о том, что это уже прожито, нужно идти дальше. Точнее мы идем дальше, но Максюша идет вместе с нами - в нашей памяти и сердцах. Я очень ценю, что с каждым я могу поговорить о нем, когда мне это захочется - будь это муж, его или мои родители, наши друзья. Можно рассказать какую-то историю или воспоминание, связанное с Максюней, в тот момент, когда это приходится к слову, а в моменты, когда становится невыносимо тяжело, больно и грустно, можно написать, например, маме или свекрови короткое "Я так по нему скучаю" и отправить какое-нибудь фото, всплывшее в напоминаниях за сегодняшний день в телефоне. Безусловно это очень помогает - не держать эмоции в себе, и не контролировать себя постоянно.

Думаю, это самое главное, что дает нам силы жить со случившимся, - сделать его частью настоящего и чаще вспоминать с чувством радости и благодарности все светлое, что было, чем моменты, непосредственно связанные с болезнью и всем за ней следующим.

Но при всей этой свободе общения про Максюшу, в компании с малознакомыми я до сих пор внутренне съеживаюсь, когда речь заходит о детях, в ожидании вопроса, хотя и научилась спокойно и нейтрально говорить о том, что у нас есть сын, но что он умер маленьким. Надеюсь, что потом и на такие моменты научусь реагировать спокойнее.

Происходили ли события, которые сложно объяснить с помощью обычной физики

Кроме того, за прошедшее время с нами случилось несколько событий, которые очень сложно объяснить и которые говорят, что наш малыш с нами, рядом, просто мы не в силах всегда это чувствовать. Поделюсь двумя из них.

Однажды мы были в Океанариуме - вокруг было множество родителей с детьми, которые восторженно наблюдали за рыбами. Я смотрела на них и подумала о том, как бы наш Максюша сейчас реагировал на все это, ведь ему было бы уже два года на тот момент, и он бы смог осознанно уже интересоваться всеми этими "морскими чудесами". Подумала и забыла. И спустя 10-15 минут, стоя перед большим аквариум я почувствовала, как кто-то тянет меня за ногу - это маленький малыш, затаив дыхание перед стеклом, и не оборачиваясь, рукой поймал мою ногу и тянет вперед, что-то показывая другой. Я улыбнулась и говорю: "Ты перепутал, я не твоя мама". Он поднял голову и растерянно посмотрел на меня, а в этот момент из-за моей спины выглянула женщина со словами: "Максим, ты что, маму потерял?"

Наверное, многие подумают, что это всего лишь совпадение, но по мне это слишком удачное совпадение: только я подумала, как бы здесь был бы наш Максюня, как на секунду, пусть и по ошибке, побывала мамой такого восторженного малыша, да еще с таким же именем.

Еще одна история произошла на первый Максюшин день рождения - 31 января. В тот момент, про который я хочу рассказать, на могилку к Максюше приехали его бабушка и прабабушка. Они обе стояли внутри оградки, когда неожиданно на крест Максюши опустился абсолютно белый голубь.

Важно отметить, что кладбище, где он похоронен достаточно большое и совершенно без деревьев, открытое всем ветрам. Там не бывает, птиц, кроме стай ворон проносящихся туда-сюда и изредка появляющихся поодиночке обычных серых голубей. За все это время - ни до, ни после - белого мы там больше не видели, хотя приезжаем все достаточно часто.

Могилка достаточно небольшая - они все были очень близко друг к другу, но голубя это совершенно не смущало, и он спокойно сидел и смотрел на Максюшиных бабушку и прабабушку и пробыл там с ними достаточно долго, а потом взлетел и исчез в вышине. Мы все были очень удивлены случившимся, когда услышали, учитывая, что это произошло именно в его день рождения, что голубь был именно белый и прилетел именно на Максюшину могилку, именно в тот момент, когда там были его родные.

После этого мы в первую годовщину смерти отпустили в небо воздушные шары в виде голубей у него на могилке.

А, тогда, как только другая бабушка Максюши услышала об этом голубе, в ее голове тут же родилась история-сказка, по ее словам, как будто кто-то взял и поместил этот рассказ целиком в ее голову. Этой историей я хочу поделиться здесь.

СКАЗКА ДЛЯ ВЗРОСЛЫХ ОТ БАБУШКИ МАКСЮШИ
Как малыш на небо попал

В один из погожих весенних дней Малыш попал на небо. Это случилось через пару часов после полудня. Куда-то исчезли трубочки, которыми были опутаны его нежные ручки, далеко внизу остались коробочки, которые попискивали и гудели рядом с Малышом всю последнюю неделю. Теперь мир наполнился яркими красками, он был залит искрящимся светом.

Малыш, как маленькая птичка, перелетал с одного облака на другое, ему было весело и легко, и, долетев до самого Большого пушистого Облака, он встретил Создателя, который улыбнулся Малышу и сказал: "Я жду тебя". Расскажи мне как было там, внизу, что ты успел узнать за коротких три месяца.

Малыш рассказал Создателю о том что на Земле живут добрые и заботливые люди, там много любви и все берегут друг друга. Ну что же еще мог рассказать ребенок, которому в этот день исполнилось всего три месяца и один день? Еще Малыш сказал, что там, на Земле ему было очень хорошо. Рядом всегда была ласковая и заботливая Мамочка, она придумывала веселые игры и от нее вкусно пахло молоком. Иногда вместе с ними играл большой и теплый Папа, с ним тоже было весело, он учил Малыша танцевать и плавать.

Улыбнувшись, Создатель сказал: "В этот очень важный первый день на Небе ты можешь загадать желание, которое непременно исполнится."

Малыш немного растерялся, ведь Мамочка всегда точно знала что нужно Малышу, и он пока не научился загадывать желания. .. Может быть Создатель позовет сюда Мамочку и тогда они все вместе решат какое у Малыша желание?

Создатель задумался и сказал: "Я не уверен, что пригласить Мамочку на Небо прямо сейчас это правильное решение, потому что и Мамочка и Папа и все те, кто были с тобой на Земле обязательно прилетят сюда, но только в свой Час, который пока не наступил. Давай поступим так: ты немного подумаешь и решишь кого из тех, с кем ты познакомился на Земле, нужно позвать сюда."

Малыш улыбнулся, поблагодарил Создателя и прилег на пушистое Облако чтобы подумать.

С кем же он познакомился на Земле? Мамочка, Папа, Кудрявая Бабушка, очень Большой Дедушка, Маленькая бабушка, Дедушка, который носил его столбиком, Старшая Бабушка, у которой было очень уютно и надежно лежать на ручках в день его Крестин. А еще, улетая с Земли, он видел их всех вместе в Храме, только с ними были еще одна Старшая Кудрявая Бабушка и Старший Дедушка. Тогда, на минутку задержавшись над красивой белой коробочкой, в которой лежал очень похожий на него мальчик, Малыш услышал, как Старшая Кудрявая Бабушка сказала: "Какой же он красивый наш Малыш", а Старший Дедушка ответил: "Самый лучший!". Почему-то Малыш понял что говорили про него...

Улетая с Земли он видел как горько плакали Мамочка и Папа, им было грустно что Малыш улетел. Если попросить Создателя пригласить сюда Мамочку или Папу, тогда Дедушки и Бабушки будут также горько плакать, а Малыш совсем не хотел их огорчать.

Бабушки и Дедушки иногда оставались с Малышом и они были очень заботливыми, конечно с ними было не так весело как с родителями, но они тоже могли угадать что нужно Малышу. Может быть пригласить кого-то из них? Но кто же тогда будет поддерживать Мамочку и Папу, ведь сейчас, когда Малыш улетел, кто-то должен за ними присматривать.

Тогда остаются две Старшие Бабушки. Та, у которой такие крепкие и надежные руки, рядом с которой было так уютно и спокойно, наверное будет хорошо заботиться о Малыше здесь. Когда Малыш уже почти принял решение, у Старшей бабушки вдруг сильно заболело в боку, за ней приехала большая белая машина и Малыш увидел, как загрустила Маленькая Бабушка, она подолгу стояла возле лика Создателя и просила исцелить Старшую Бабушку. Малыш догадался что принял неверное решение и стал думать дальше.

Может быть позвать Старшую Кудрявую Бабушку? Они не успели познакомиться на Земле, так почему бы им не поиграть здесь? В ту же минуту Старшая Кудрявая бабушка схватилась за сердце, а потом горько заплакали Мамочка и Кудрявая Бабушка. Они тоже подолгу стояли у лика Создателя и просили об исцелении....

Время на Небе летит иначе, чем на Земле и Малыш не заметил как наступил день его Земного Рождения.

Он вернулся на Большое пушистое Облако и подлетел к Создателю.

Что ты решил, Малыш? Сегодня на Земле празднуют День твоего рождения, они собрались все вместе, вспоминаю тебя и грустят. Наверное любой из них был бы рад снова встретиться с тобой.

Что-то очень взрослое появилось во взгляде Малыша, немного подумав, он ответил Создателю: "Там на Земле все, кого я знаю, очень любят друг друга. Я также знаю, что они очень скучают по мне, но ты обещал, что однажды мы снова будем вместе. Время здесь летит очень быстро... мне будет приятно знать, что там, на Земле у них все хорошо - я буду молиться о них. Каждый должен прийти сюда в свой Час, я подожду..."

"Но я обещал исполнить твое желание и я хочу сделать подарок в День твоего Земного Рождения, ты можешь попросить все что угодно".

Малыш улыбнулся и сказал: "Мне жаль что они грустят обо мне и я бы хотел, чтобы они знали, что у меня все хорошо и что я очень их люблю. Могу ли я послать им отсюда весточку?"

"Знаешь как мы с тобой поступим? Сегодня они придут туда, где видели тебя в последний раз. Мы пришлем к ним Большого Белого Голубя и они все поймут."

Высоко в Небе, на пушистом белом Облаке сидел Малыш и улыбался. Он увидел, как на деревянный Крест, рядом с его фотографией сел Большой Белый Голубь, а Кудрявая Бабушка, обняв Старшую Кудрявую Бабушку, прошептала: "У него все хорошо".

6

СВЕТА И ЕЕ ДОЧКА

Мне 38 лет, у меня четверо детей, мы живем в Москве. Я художница и режиссер анимации.

Моя потеря случилась 11 или 12 лет назад. Я даже точно не помню год, все время вычисляю по возрасту старшего сына. Помню, что ему было где-то четыре. Ага, значит, 2009 год. Июль. Даже даты точной не помнила. Один раз только залезла в бумажки, чтобы посмотреть. Там стояло 11 июля. То есть, 11 июля моей беременности уже не было.

Может быть, надо уже прочитать все целиком…

Я думаю, что тогда у меня была девочка. Потому что я очень хотела дочку. И потому что потом через некоторое время мне она снилась. Взрослая, лет 5. Была похожа на мою детскую фотографию. Такие же щеки до плеч. Я думала, что мы назовем ее Настя или Даша. Не могли определиться.

И вот эта девочка мне и приснилась. Сказала, чтоб я не переживала. Что у нее все нормально. И что я ни в чем не виновата.

У меня был небольшой срок беременности: девять-десять недель. Да, тот самый срок, когда выкидыши часто случаются. Почему-то врачи об этом любят говорить. Про выкидыши на этом сроке. Наверное, то, что такое же случилось с ещё большим количеством женщин, должно как-то помогать, но для меня это всегда звучало как равнодушие. Когда мою мечту о девочке превращали в статистику.

Несколько лет после потери я была в депрессии. Причем, я этого не знала. Сейчас знаю, потому что могу обернуться назад и посмотреть. А тогда не знала.

Иногда открывала окно, смотрела внизу и думала, каково это: шагнуть туда. Как моя кошка Шоколадка, которая охотилась за голубями и оказалась там, внизу. И я думала, что за мной будут смотреть мои близкие так же, как я смотрела на свою кошку: сверху вниз одинадцать этажей. И закрывала окно.

Никто особо не говорил со мной на эту тему. Кроме одной подруги, той самой. Но и мне уже после какого-то времени было неудобно: это ведь случилось столько-то лет назад.

Первый раз, когда я по-настоящему начала говорить, - это когда забеременела Тимуркой. Я прорабатывала свою травму в процессе. Потому что было очень страшно, что повторится что-то подобное.

Помню, что у гинеколога на приеме сказала: я не переживу, если с ним что-то случится. Была угроза, было страшно.

На работе от меня требовали каких-то срочных дел, а я ушла на больничный, легла в кровать и неделю просто лежала. Смотрела "друзей" и смеялась.

А примерно в это же время мы оформляли документы на наших девочек. Они приемные. Так получилось, что беременность у нас случайная. И поэтому дети появились разом. Трое малышей.

Наверное, первый раз тогда я почувствовала тотальное облегчение, - это когда написала свой первый текст про потерю. Для меня тексты - это разговор. И тогда к тому разговору подключилось много других людей. Они писали, что и у них тоже, что они меня понимают, и что они не забыли.

Один раз в этот день в море я нашла монетку. На другой год мимо меня проскакал мячик. Представляете: вы идете, рядом никого, и мячик по горочке катится. Ни детей, ни людей. Как будто меня ждал, чтоб скатиться.

Год назад 7 июля умер мой папа. Такое ощущение, что в тот же день. Ведь в тех бумагах была дата: 11 июля. И малышка к тому времени уже умерла.

7

ЕЛЕНА И РОСТИСЛАВ

Расскажите коротко про себя

Мне было 19 лет, когда я встретила своего будущего мужа, мы вместе учились в Педагогическом Институте. По окончании, пошла работать в школу. Поженились и в первый же год после свадьбы родился первый ребенок. Назвали Ростислав. На тот момент мне было 25 лет.

Расскажите про вашу потерю ребенка

Некоторые вещи, сейчас вспоминаю, пошли как то не так. Сначала муж был против ребенка, я расстроилась, потом назвал не так, как я хотела...а потом ещё и сказал по поводу решения завести второго ребенка, что "Может от первого и внуков не будет".

Всё это отложило глубокий след во мне. Есть второй ребенок, тоже сын, два с половиной года разница.

Детей любили одинаково, растили одинаково. Только один, старший, всегда был замкнутый, не любил делиться ничем, что его тревожило. Я, как мать видела это и пыталась помочь, поговорить. В принципе, когда учился в школе все было нормально, а вот после окончания, у него началось много страхов. Решил, что не достоин жить. Сам так решил и ушел, застрелив себя, в 26 лет.

На самом деле, я могла это предвидеть и пыталась что-то предпринять, но как-то на помощь не особенно шла, как будто это должно было случиться и все.

Меня жизнь готовила к худшему, я видела знаки и не могла сидеть и ждать. Искала ему врачей, молилась, но...вот.

Какое у все вероисповедание и помогает ли оно проживать потерю?

Мы православного вероисповедания. Никогда особо не молилась, но за полгода, как это все случилось, начала усиленно ходить в церковь, даже пошла на исповедь в первый раз, стала постоянной прихожанкой. Когда сын ушел из жизни, было неописуемо тяжело. Мы вдали от нашей родни. Мы - это мой муж и младший сын. Поэтому особой поддержки неоткуда было ждать, кроме как от друзей, которые были рядом. Помогли сделать прощание, собрали деньги и всё. И все пропали. Никто больше, кроме двух близких друзей, не позвонил ни разу, чтобы узнать, как мы там или пригласить, что бы мы развеялись.

А ведь началось самое тяжелое время. Время горести и плача по потере ребенка.

Отношение семьи и окружающих к горю

Кто в то время для меня оказывал больше всех поддержку, так это одна из близких подруг и еще одна женщина на работе. Она видела, как мне было тяжело и всячески меня подбадривала. Опять-таки, хорошо, что на работу ходила, хоть немного отвлекалась от мрачных мыслей.

Не могу не сказать о людях, которые учились со мной в то время, учились познанию жизни и духовности. Вот это для них был большой урок в умении поддержать ближнего в трудные времена.

Очень помогали и поддерживали те случайные люди, которые узнав о нашей беде, обнимали и обещали помолиться за его душу. Вообще хочу сказать, что в такой жизненной ситуации, я поняла, не слова пустые нужны, а именно объятия и молитва. Мне так не хватало обнимашек. Когда такая потеря, то человек пуст, у него внутри боль, холод и так недостает тепла, любви. Его надо полюбить, дать тепла. Меня даже как то спросили: "А муж, он не может пожалеть?" Как может пожалеть муж, который сам в потере, сам в горе и нуждается в такой же любви. А один страдающий что может дать другому страдающему???

Приходилось поднимать и мужа, и младшего сына. Всем было тяжело. У сына началась злость на всех, неописуемая. Обвинял себя и нас.

Работала над тем, чтоб семья не распалась, иначе произошла бы еще одна потеря. Этого допустить было нельзя.

Три года были самыми тяжелыми. И в семье, и с сыном, и с чувствами.

У меня самой были следующие ощущения:

Неверие. Встала утром и думала, что нет, этого не может быть. Неужели это не сон. И как теперь жить?

Потом спрашивала себя: "За что? Почему? Для чего? Как не обозлиться? Как остаться человеком и не обвинять других?"

Когда приходила злость на других, честно скажу, останавливала этот процесс мыслями, что другие не виноваты, за что на них злиться? Помогло. Преобразовывала эти мысли на любовь к другим. Как бы ни было тяжело, нельзя им дать развиться внутри. Это пойдет на самоуничтожение.

Какие у вас произошли изменения после смерти ребенка?

А отношение к Богу и благодарность Ему приняла таким образом, что Он дал мне для всего случившегося нужных людей. Хорошие, полезные люди пришли в мою жизнь, выслушивали меня часами, когда мне надо было высказаться, хотя они живут далеко. Совершенно из ниоткуда появлялась поддержка. Делились историями из своей жизни, из жизни святых тоже.

А есть ли вообще дом, в котором не было беды? У каждого свое. А во время войны скольким матерям приходили похоронки на детей? Сколько они испытали горя, так и не простившись со своими детьми?

Конечно, были и моменты депрессии, но принятие пришло только через веру в Бога. Что так надо, так должно было случиться, и ничего тут уже не поделаешь.

Что вам помогает продолжать жить?

Сын совершил самоубийство. Это страшный грех. Такие души долго остаются рядом и им трудно уйти. Церковь православная не совершает никаких обрядов на успокоение таких душ. Вот тут то самое тяжелое и есть для близких. Душа рядом ходит и волнует близких, теребит, они и рыдают ни с того, ни с сего.

Пришлось находить пути, как сделать такие обряды для души умершего. Нашла способы и душа ушла спокойно. Я это точно знаю. Потому что он до этого приходил по ночам, я часто его видела. У меня начались непредсказуемые истерики, ни с того, ни с сего, в совершенно неожиданные моменты. После ритуалов, совершенных для души, он приснился последний раз, прощаясь. Вот и все. Потихоньку прекратились плачи, и стало немного легче.

Отношение между супругами

Отношения в семье сейчас хорошие. Очень помогло, что мы с мужем поддерживали друг друга как могли, не показывали своих слез в последнее время (в начале не показывать было просто невозможно), поддерживали сына, ему на момент события было 24 года. Кстати сказать, это он уговорил нас завести собачку. Нашли маленькую породу, которая любит сидеть на коленях, любит ласку, добрая. Это наша терапия. Купили ее не раньше, чем через два года, раньше просто не было возможности думать и заботиться о ком то еще. Теперь все ее обожают.

Продолжаем жить дальше. Ставить цели. Жить настоящим. Не прошлым и не будущим. Кто знает, что там впереди.Я продолжаю работать над своим внутренним состоянием. Сама и с помощью психологических техник, молитв. Это большая работа, просто так само не пройдет.

Могу добавить, что общение очень важно в такое время, но только с людьми, кто тебя понимает, слышит. Любые истории, как люди прошли через такое, приободряющие, а не мрачные. Нам также помогли веселые фильмы. Грустные до сих пор смотреть не можем. Хоть и прошло 4 года.Разговоры со священниками. Недавно говорила с Матушкой. Семья священника тоже потеряла взрослого сына. Так вот она мне рассказала свои эмоции, боль, как она прошла через это. И в конце сказала, что живет сегодняшним днем. Она полна энергии, вся сияет. И даже предложила мне поехать с ней в монастырь, где похоронен ее сын. Планируем летом, если все наладится в нашем мире. Всех благ! Буду счастлива помочь в поддержке в трудную минуту, кому надо

8

АНАСТАСИЯ И ЕЕ СЫН

Расскажите коротко о себе

На момент потери мне было 35 лет. Я замужем, у меня три сына. Я не работаю на работе, помогаю мужу с бизнесом и воспитываю детей.

Расскажите про вашу потерю ребенка

На 38 неделе я родила мертвого мальчика.

Какое у все вероисповедание и помогает ли оно проживать потерю?

Я не религиозная и не отношу себя ни к какой вере. Но верю в Бога одного. Так же верю в выбор души. Верю, что каждая душа имеет право на выбор жить или нет. Но при всей вере, мне ничего вначале не помогало. Горе от потери было гораздо сильнее моих верований.

Отношение семьи и окружающих к горю

Мы живем в поселении в России, мы сюда переехали меньше года назад (на момент потери). Все мои родственники живут в другой стране. Поэтому они не могли мне оказать поддержку, но, на мой взгляд, они и не пытались.

По началу некоторые обвиняли меня, мама так рыдала, что мне приходилось ее успокаивать, судя по всему она не пыталась понять как мне больно, а лишь жалела себя. Но это все было в первые дни, а потом все уже взаимодействовали как ни в чем не бывало. А если я и заводила разговор, то его сразу переводили на другую тему, возможно им было это невыносимо, но опять же обо мне никто не думал.

Очень помогла моя подруга, которая по стечению обстоятельств должна была приехать через день после потери, у нее были заранее куплены билеты сюда. Мне очень не хотелось, чтоб она приезжала, но было неудобно ей сказать, так как навряд ли ей вернули бы деньги за билеты. Но то, что она приехала, это был как подарок мне.

Она взяла на себя практически все хлопоты по хозяйству, по готовке, уборке и мне было не так одиноко. Еще я сама боялась говорить с людьми на эту тему, очень боюсь быть навязчивой. Боюсь, что это никому не интересно. Подруга осталась у нас на три месяца, а потом она уехала и начался полный ад.

Я осталась одна, ни родственников, ни друзей, никого. К своим поехать я тоже не могла, так как оформляли тут документы и забрали паспорта. (Не буду вдаваться в Российские реалии, но это был еще тот ужас с этими документами).

Еще одна подруга, которая живет в другой стране, обратилась к психологу, спрашивала у психолога как меня поддержать и всячески поддерживала по вотсапу. И еще некоторые друзья звонили поддерживали, это был свет в конце тоннеля, особенно после того, как уехала подруга, которая у меня гостила. Это конечно все помогало, но хотелось людей рядом, а не по интернету.

Некоторые местные тоже пытались помочь, но их помощь заключалась в основном в советах, что я должна делать и осуждениях, что я делаю не правильно. Не раз слышала в свой адрес слово "жертва", "не будь ей..." Вот это вообще не помогало. Еще пытались помочь рассказами о своих здоровых малышах, которые были рождены с угрозой, но к счастью с ними сейчас все в порядке. Это в моих глазах выглядело как хвастовство и то, что я им помогаю выслушивая их, хотя у меня нет никаких ресурсов.

Отношение между супругами

Муж наверное просто не умеет оказывать поддержку, он всегда был чем-то занят, не умел и не знал, чем он мне может помочь. Я всю свою агрессию вымещала на него. Потом рыдала, объясняла как мне плохо, а он обижался и отдалялся от меня. Мне казалось, что я схожу с ума, то кричала, то чем-то в него кидалась, то рыдала. Я как будто не могла себя контролировать, все происходило само. Не знаю как мы это выдержали и не развелись. Дети первый день погрустили, а потом уже не понимали почему я грущу. Мамы у них тогда почти не было.

Какие у вас произошли изменения после смерти ребенка?

Изменений в жизни практически не произошло.
После потери муж больше не хотел детей, а я просто смирилась, не то что бы я согласилась, но другого выхода не было.

На тот момент прошло уже почти три года, февраль 2020.

Одна маленькая случайность, и я сразу поняла, что забеременела. А потом все как обычно, задержка несколько дней, подарок на 8 марта

– две полоски, но и в тот же день кровавые крапины. Как при всех потерях...

У нас гости, праздник 8 марта, а я бегаю в туалет постоянно, проверяю.

Эта беременность сразу началась со страхов. Я боялась днем и ночью. В какой-то момент, я сказала себе хватит, пусть будет то, что будет, ведь это же только начало и если суждено потерять, то лучше сейчас. Немного успокаивалась, но ненадолго. Постоянно щупала грудь, даже когда куда-то шла, старалась сделать это незаметно, проверяла на чувствительность.

Был токсикоз по утрам, но только тошнило сильно. Было низкое железо и Феритин, начала принимать витамины и фолат и омегу.

Мне кажется что от витамин самочувствие улучшилось, и прошли эти кровавые прожилки.

А тут ещё дата, 3 года малышу ангелочку и 18 неделя потом, а может перед, не помню (моя первая потеря). Колбасило от страхов жутко, я была очень злая, в постоянном напряжении, со всеми ругалась.

На 22 недели сорвалась и пошла на узи. А тут узист говорит, что ребенок здоровый, все отлично и это - девочка. Я ей не поверила, была уверена что мальчик, у меня 3 сына, потеряла я тоже мальчика.

Тут стало ещё страшнее, ведь я так мечтала о девочке, а вдруг не выйдет, второго шанса у меня не будет.

Как себя обезопасить? Да никак наверное. Пошла по совету к очень известному эндокринологу-нутрициологу. Старалась выполнять все его указания. Искала психолога, очень разочаровалась, но зато потом нашла лучшую наверное! Она очень поддерживала и понимала.

Рожать хотели вдвоём с мужем, но чем было ближе, тем страшнее. Больница тоже пугала. Ковид, мужей не пускают, да и сложно доверять врачам. Под конец решили, что позовём акушерку.

А тут началось самое страшное, ночью в 38 недель начали отходить воды с кровавыми прожилками, как прошлый раз, я вспоминаю, и мне опять страшно, правда малышка была активная и доплером мы проверяли и было все в порядке, но схваток не было. То есть они начинались и прекращались, все как в прошлый раз. На следующий день зашла акушерка, вообще не поняла, чего я так переживаю, ну отходят воды, часто бывает, ну роды бывает и через несколько дней начинаются и это не редкость, с сердцем ребёнка все отлично, посоветовала не переживать и побольше отдыхать.

Вечером вроде как начались схватки, но к утру прекратились. А потом днем опять начались и вечером она родилась. В это сложно было поверить, она кричала без остановки, а я радовалась, что кричит, ведь живая!

Очень долго не могли её к груди приложить, очень живой ребенок родился. Но что то со мной было не так, я горевала, я не могла понять, что происходит... У меня не было почему-то даже молозива, акушерка вначале не поверила, но потом убедилась... Мне было жутко стыдно, я как будто не люблю свою дочку и ничего не могу сделать... Я страдаю как при потере, как такое может быть?

Только через какое то время я поняла, что родила другого ребенка, я ждала подсознательно того. А родилась она. Даже не он. Когда я это поняла, я погоревала, я признала, что хотела того, чтобы у меня был сейчас трехлетний сыночек и новорожденная дочка, а есть только дочка. После того, как я это все поняла и признала, молоко полилось, я очень полюбила мою малышку. Какое же это счастье открывать глаза, а она на меня смотрит и улыбается.

Мальчика моего, я конечно тоже часто вспоминаю и горюю о нем, но я поняла, что девочка к этому не имеет отношения.

Что вам помогает продолжать жить?

Мне очень помогла поездка к родственникам (через 6 месяцев), хоть эта тема и не поднималась, но близость родных людей и общение очень помогло мне. Мы пробыли в там почти пол года.

Но наверное больше всего мне помогло отметить день рождение умершего сыночка, хоть праздновала я его в поселении без родственников. Я приготовила пироги которые любят мои дети, позвала гостей, людей с которыми я хоть немного общалась. Когда звала, так и говорила, что зову на день рождение моего умершего сына. Все пришли, кого я позвала, о ребенке конечно же не говорили, смеялись и просто общались. Но я знала, для чего тут все собрались, и это мне здорово помогло.

Так же еще я принимала Цветы Баха, которые тоже очень облегчали и успокаивали меня. Ходила к нескольким психологам. Некоторые немного помогали, была и такая, которая наоборот сделала хуже. Так же сходила на расстановку, после которой тоже стало значительно легче. Но все это я делала до дня рождения, после дня рождения я как будто освободилась от боли которая съедала меня изнутри. Она перешла в боль, на которую я просто могла смотреть, оплакивать и даже любить.

Чувствуете ли вы перемены в себе - трансформацию?

Да, конечно я чувствую трансформацию. Я стала терпеливей и более принимающей. Я полюбила свою потерю. Я благодарна жизни/Богу за такой опыт.

Происходили ли события, которые сложно объяснить с помощью обычной физики?

Мой старший сын хотел назвать умершего малыша Славик, в честь моего покойного папы. Но мне приснился сон, что мальчика зовут по другому.

Напишите, как у вас проходили/проходят пять стадий горя

Отрицание

Вначале я ощущала себя как будто нахожусь под водой, как будто все происходит не со мной. Иногда я удивлялась когда осознавала, что у меня умер ребенок и мне становилось страшно. Но тут я тоже ощущала депрессию. Я хотела много времени проводить одна. Не хотелось есть.

Злость

Затем наверное организм начал пытаться выходить из этого состояния агрессией на мужа, на то что его нет рядом, я орала как ненормальная, кидалась, а потом убегала в лес, валялась там и плакала, орала часами. Бывало потом долго не находила дорогу. Когда похолодало, валялась в снегу.

Торг

Потом я пыталась выяснить, почему это со мной произошло, я спрашивала даже некоторых людей, изучала Джйотиш, искала информацию в интернете и эзотерическую и медицинскую. Но так же периодически впадала в агрессию и нежелание ничего.

Депрессия

Депрессия наверное началась вместе с агрессией. Так как я то злилась, то плакала и никого не хотела видеть.

Принятие

Вот принятие пришло через год после дня рождения.

9

КРИСТИНА И НИКИТА

Расскажите коротко о себе

Меня зовут Кристина. Живу я в небольшом провинциальном городе в России, Красноярский край. Когда мы с мужем узнали, что я беременна Никитой, очень удивились. Это был сюрприз, потому что врачи сказали, что гормоны мои спят, беременность практически невозможна.

Расскажите про вашу потерю ребенка

Я спокойно работала в магазине продавцом, и не подозревала, что сюрпризу уже 8 недель. Узнав о беременности, стала просить Бога, чтобы это был мальчик. И Господь услышал меня. Так родился наш Никита, 7 февраля 2013 года. Мне было тогда 29,5 лет. Жили мы втроём, муж Антон, сын Дмитрий (ему было 13 лет) и я. Никита стал четвертым членом нашей семьи. Беременность проходила великолепно, никаких токсикозов. Роды были тяжёлыми, в итоге сделали ЭКС.

Когда Ники исполнилось 2,4 года, в семье появился Матвейка, мой третий сын! Я очень гордилась, что у меня три сына и продолжаю этим гордиться.

Ники легко пошёл в садик, адаптация прошла быстро, за три первых года его жизни, у него насморк был пару раз и всё. Были все прививки по графику. Здоровый, красивый, смышлёный малыш.

19 февраля он заболел. Первый диагноз был вирусная ангина, затем вирусный бронхит, затем случился геморрагический шок, нас увезли срочно в Красноярск 5 марта 2016 года и там, пролечив две недели, отправили домой с диагнозом "тромбоцитопения"... Сказали приезжать периодически на проверку крови.

25 июня у него заболела нога...18 июля нам поставили диагноз: бифенотипический лейкоз, вариант м0, с поломкой хромосомы 7q36...

Истерика, непонимание, вечный вопрос "за что"? Лечили нас в Красноярске, консультировали в Питере (где и сказали про вторичный лейкоз), затем лечились в Израиле, клиника Шиба (огромная благодарность волонтёрам, врачам, мед.туризму, именно Римме). Попасть в Израиль помог русский фонд.

Нигде и никто нам не давал много шансов, слишком редкое сочетание редких вариантов лейкоза.

20 марта 2017 года Ники вошел в ремиссию! Нашему счастью не было предела, не могу сказать, что я очень верующий человек. Но я верю в Иисуса Христа, и верю в Его жертву.

Благодарила Бога за ремиссию. Мы отправились домой. Через месяц наш лейкоз рецидивировал в миелобластный лейкоз. Я поняла, что это смерть, на истерики времени не было. Всё началось сначала.

Многое мы пытались сделать, бились, сражались, пол мира сражались духовно за жизнь Никитки, помогали очень многие.

Никита ушёл 16 июля 2017 года, в 2:10 минут... пишу и плачу...ему было 4 года 5 месяцев и 9 дней... милый, красивый, умный ребенок, перенес столько боли и наконец стал свободным... Нас позвали попрощаться в реанимацию, увидев его, у меня отказали ноги. До Никиты меня донесли медсёстры.

Отношение семьи и окружающих к горю

Родные молчали, я молчала, муж молчал. На похоронах я не плакала, молчала. Увидев его в гробу, не узнала, не мой сын там лежит, не мой... Отрицание и гнев были одновременно, я всех ненавидела и в тоже время, не принимала того, что в земле - мой сын.

Затем началась депрессия, панические атаки, боязнь выходить на улицу. Я не могла выйти за порог дома, это оказалось проблемой. Могла весь день лежать в кровати, просто лежать. С депрессии вывело понимание того, что у меня ещё есть маленький Матвей (2 года), ему нужна мама, он хочет кушать и играть. С мужем после смерти Никиты мы разошлись.

Теперь наша семья была снова из трёх человек: я, и мои два сына - Дима и Матвей.

Какое у все вероисповедание и помогает ли оно проживать потерю?

Гнев был дольше всего. Слыша фразы "за грехи родителей болезнь", готова была разбить лицо человеку, агрессия лилась через край. Вера мне не помогла, наоборот, разочаровала...

Какие у вас произошли изменения после смерти ребенка?

Сама себя вытаскивала из болота, как Мюнхгаузен. Друзья пытались поддерживать, но им тоже было тяжело, кто его знает, как правильно поддерживать? Они как могли, старались быть рядом. Потом я узнала про аффирмации и это стало помогать.

Происходили ли события, которые сложно объяснить с помощью обычной физики?

Никита снился не часто. Но все сны были не спроста. Сейчас могу их озвучить, в то время, рассказывала из только одной подруге (она была нашим волонтером в Израиле). Никита приходил во сне и я понимала, кто из знакомых детей уйдет за ним.

Так приснился Никита, который крепко крепко держал в объятиях Тураля, мальчика, который лечился с нами в одно время в Израиле. Когда я сказала во сне: Никита, отпусти мальчика. Ники ответил: нет, он будет моим другом. Тураль ушел через 10 дней...

Таких снов было несколько и везде он называл имена, и дети с такими именами и уходили. Однажды приснился сон, как мы сидим с ним в комнате, что-то лепим (он любил поделки делать), и тут в дверь постучали. Никита говорит: "Это бабушка". Я говорю: "Я же есть, зачем тебе бабушка?" Он устроил истерику: "Пусти бабушку!"..

Проснулась.. Ближе к обеду позвонила моя мама и сказала, что умерла моя бабушка, прабабушка Никитки.

Листаю однажды ленту юмористической группы, кстати юмор мне очень помогал и помогает, он отвлекает от ненужных мыслей, и вот в этой юмор-группе, вполне серьезные картинки со словами: "Мам, смотри, я уличный художник", затем фото надписи на стене "мы живём", и третья фраза "много людей хороших на свете, на том свете" и было фото бабочки и глаза на крылышка у неё.

Моё состояние в тот момент невозможно передать, со мной поговорил сын, я в этом была четко убеждена! И убеждена до сих пор в этом, острая боль отступила с тех пор. Мой сын жив и это стало для меня фактом. Первый раз у Никиты остановилось сердце в 11:20 дня, 15 июля, в этот момент мама гуляла с Матвеем у нас в городе, и ей на плечо села красивая бабочка. Мама непроизвольно подумала, Никита со мной попрощался, с тех пор, бабочка ассоциируется с Ники.

После 9 дней, меня стали преследовать запахи, приятные, цветочные, запахи духов, очень нежные ароматы. На тот момент я до душа-то еле ползла, поэтому запахам этим прекрасным неоткуда было взяться. Я прочла в интернете, что это признак опухоли в голове... Но потом наткнулась на интересное поверье, если не ошибаюсь, в Таиланде, люди верят, что после смерти человек приходит к родным в форме запаха. Если запах приятный и нежный, человек был чистым и хорошим. Ну и наоборот. Спустя три года, иногда я снова чувствую этот приятный запах цветов, меня он тоже успокаивает.

Происходили и другие интересные события, которые убеждают меня, что есть жизнь после смерти.

Прошло три года почти, не могу сказать, что смирилась полностью с тем, что нет больше Никиты и не будет. Но есть Матвей, и он достоин видеть улыбающуюся маму, иметь счастливое детство и уверенность в будущем. Мои дети - моя жизнь.

Я живу дальше, живу, как и сотни других женщин на земле, но иногда захожу в свою тайную комнату к Никите, обнимаю его, плачу и грущу.

Порой снова начинаю искать виноватых, но чаще виню себя, и эти вечные: "а если бы..." не дают покоя. Думаю тоска не пройдет никогда, всегда будет фантомная боль.

До сих пор не могу смотреть на онкобольных детей, плачу, не могу ходить на кладбище, не верю до сих пор. Нет ни дня без Никиты.

Никита, мой сынок, мой сюрприз, моя радость, моё счастье, моя жизнь, моя боль. Люблю, скучаю, и верю, что мы обязательно встретимся и узнаем друг друга.

Последний наш диалог с Никитой в реанимации, нас пускали дважды в день:

- Завтра я приду и включу тебе снова мультики, хорошо?
- Хорошо.
- Я люблю тебя, солнышко!
- И я люблю тебя, мама.

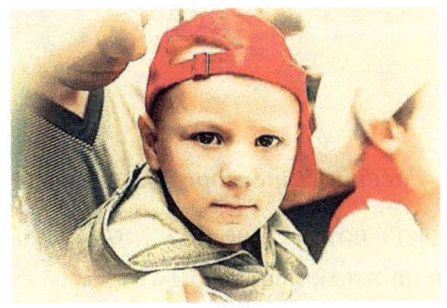

10

ИРИНА И РОМА

Расскажите коротко о себе

На момент первой потери мне было 26 лет. Замужем, работала бухгалтером, детей на тот момент не было.

Расскажите про вашу потерю ребенка

Потеряла первого сына. Рому.

Потеря произошла на сроке 29-30 недель. Мы тогда были в отпуске. Поехали на Озеро Селигер. Снимали там домик. Поехали на поезде в Москва-Осташков его номер был 666. Тогда мне это показалось плохим знаком.

Как ехал этот поезд, - это отдельная история. Он едет то вперед, потом назад, потом часто и подолгу стоит. Может меня растрясло в поезде, не знаю, но когда мы приехали, правда не сразу, позже, - начала болеть поясница. Просто ныть. Она ныла и ныла. Мне стало плохо и мы поехали в больницу в Осташков.

Осташков, - это такой захолустный городишко. Единственная больница. И врач, которая меня боялась. И лихорадочно читала свои конспекты и листала какие тетради. Она не понимала, что со мной делать. Мне ставили капельницы. Но процесс родов уже запустился и остановить их никак не получалось. Потом вечером стала отходить пробка. А так как я читала про роды, я поняла, что это уже роды. Врач настояла, чтобы мы поехали в Москву. Москва, - это за триста километров. Но отправили меня не на скорой помощи, а пришлось искать частное такси.

Муж нашел такси. Врачи обкололи меня чем-то. Я уснула на заднем сиденье и мы поехали в Москву. Дорогу помню плохо. Так как я почти всю дорогу спала, просыпаясь только во время схваток. Инстинктивно впивалась ногтями в руку мужа и, чтобы не стонать, сжимала её изо всех сил.

Ближе к ночи мы приехали в Москву. Поехали в ближайший к дому роддом. На улице Опарина, 4. Но там нам отказали. Так как документов у меня не было. Их оформить я не успела. Оформляют на тридцатой неделе. Тогда поехали в роддом № 4. Там тоже нам не обрадовались, так как документов нет, в смысле не было обменной карты. Это приравнивалось к преступлению. Нет результатов анализов. Естественно, что все это я сдавала, но доказать что-то в тот момент не возможно было.

В итоге мы ждали в коридоре приемного покоя. Только тогда такси отпустили.

В роддоме № 4 вызвали такси и отправили меня в роддом при ГКБ № 36. Инфекционный. Который принимал все такие случаи преждевременных родов и всех рожениц без документов.

Приехали мы туда уже к 12 часам ночи. И меня сразу подняли в родблок.

Родила практически сразу. Сына унесли. Он дышал сам. И был довольно крупный больше килограмма. Но на следующий день пришёл педиатр и сказал, что у Ромы тяжелый порок развития. Свищ желудочно-кишечного тракта. То есть пищевод был соединен с трахеей и кормление обычным способом было невозможно.

Рому увезли в другую больницу. Там он умер. До операции он не дожил, насколько я знаю со слов мужа. Что там было в той больнице и от чего умер Рома, я так и не узнала. По результатам вскрытия кроме порока с ЖКТ у него была проблема с почками. Точно уже не помню. На момент нахождения в больнице врач-гинеколог сказала мне, чтобы ни к каким бабкам не обращались в связи с потерей. Что причина чисто на физическом плане. И что нужно идти к врачу и провериться на вирус герпеса.

Какое у все вероисповедание и помогает ли оно проживать потерю?

Православной веры. Духовными практиками не занималась.

Отношение семьи и окружающих к горю

Все очень тяжело перенесли нашу потерю. Сочувствовали, наверное. Каждый пытался его как-то проявить. Но особого сочувствия я не чувствовала. Слышала, что "всё бывает", что "молодые", "родите еще". Девушка брата мужа в больницу передала мягкую игрушку. Но мне казалось, что все смотрят осуждающе. Особенно трудно было с кем-то встречаться. Да и сложно было выходить на улицу. Мне казалось, что все знают, и смотрят с интересом и удивлением, кто с ужасом. Мне было стыдно. Ужаснее всего было встречать беременных.

Отношение между супругами

Отношения не изменились. Муж пытался меня вытащить из депрессии. Пытался выводить на улицу. Объяснял, что я не виновата.

Что никто не смотрит так как мне кажется. Но было всё равно больно. Разговоры особо не поддерживал тогда. Он не хотел говорить о потере. Наверное ему тоже было больно, но он всё держал в себе.

Какие у вас произошли изменения после смерти ребенка?

После потери мы с мужем прошли обследование и курс лечения. Потом была подготовка к следующей беременности. А потом новая беременность и рождение дочери. Через 2 года после смерти сына Ромы. Было некоторое разочарование. Так как очень хотелось родить сына и закрыть дыру в сердце. И как-то реабилитироваться в глазах близких.

Еще постигло одно горькое разочарование, когда через пол года рождения нашей дочери у брата мужа родился сын. А я так и не смогла. Но наверное хорошо, что родилась девочка. Так как не было замены и переноса. Я понимала, что это совсем другой ребёнок.

Происходили ли события, которые сложно объяснить с помощью обычной физики?

Из мистики было то, что я узнала о своей беременности ровно в день смерти Ромы. И муж сказал, что это хороший знак. И что как бы Рома послал нам своего брата или сестру нам в утешение.

Напишите, как у вас проходили/проходят пять стадий горя

Как проходили стадии принятия горя. Очень по разному.

Сначала, было ощущение, что всё происходящее происходит не со мной. Что это дурной сон. Потом было много вопросов за что?

Почему это со мной? За какие грехи? Почему у всех получается родить здоровых детей, а мне нет. В чем я провинилась? Ведь я такая хорошая, правильная. Никогда не делала зла никому.

Потом было то, что во всем виновата я. Что это мой вирус убил нашего сына.

Потом была жуткая депрессия. Из которой я выходила очень долго. Отголоски были очень долго. И мне такое ощущение, что они остались на всю жизнь.

Принятие пришло позже.

Эта потеря изменила меня навсегда. Вернее она сделала меня другой.

11

ТАНЯ И АРСЕНИЙ

"Скорей бы, мама, это закончилось", или моя история потери.

Расскажите коротко про себя

Представлюсь. Я - Арт Татьяна. Мне 53 года. Замужем. Полтора года в замужнем статусе. Практикующий психолог. Живу в городе Черкассы, Украина. В марте 2019 года потеряла единственного сына. Так случилось, что пока сын был жив, я не хотела больше детей, думала, что не смогу их любить так же, как его. А теперь нет ни его - и никого.

Расскажите про вашу потерю ребенка

О смерти сына узнала от полицейских. Это случилось 22 марта 2019 года, пятница. Я была на работе, зачем-то отключила телефон, а когда увидела много пропущенных с незнакомых номеров, я вдруг догадалась, что произошло. Набрала, и мне сказали, что его больше нет, что он выпал из окна, и что мне надо приехать. Я поехала к его дому, это было в пятнадцати минутах езды.

Он лежал на асфальте перед окнами, накрытый простыней. Лежал на спине, руки откинуты за голову, глаза устремлены в небо. Совершенно целый, ни крови, ни царапин. Я присела возле него, и так мы побыли немного вместе, пока не приехала машина и не забрала его в морг. После этого я увидела его только на короткое время на следующий день после вскрытия, и потом еще на следующий - в день похорон. Толком нам так и не удалось побыть вместе перед последним прощанием. Ему был 21 год. Высокий, красивый, умный. Хотел, как мать, стать психологом, помогать людям. Успел закончить первый семестр обучения по психотерапии во Львове. Уже имел своих первых клиентов. Сохранились его записи и схемы консультаций, его дневники, поражающие своей глубиной. Осталась его девушка, его "Рыжик". Она крайне сложно перенесла это событие, и, спустя два года, состояние ее не думаю, что намного улучшилось. Имя моего сына - Арсений, фамилия Артеменко.

Какое у все вероисповедание и помогает ли оно проживать потерю

Мне сложно обозначить свои верования, я не чувствую в себе приверженности ни к каким-либо вероисповеданиям, ни к самому переживанию моей причастности к чему-то большему, чем я сама. Не единожды мне случалось переживать непонятный для меня опыт, но на этом, пожалуй, и все. Не обращаюсь ни к каким духовным практикам. У меня много снов, когда мне снится мой сын - это мне приносит облегчение. Опираюсь на других людей и на свое творчество.

В СЕМЬЕ РОДИЛСЯ АНГЕЛ ИЛИ ПУТЬ ГОРЕВАНИЯ

Отношение семьи и окружающих к горю

Наша небольшая семья, можно сказать, распалась после смерти моего ребенка. С отцом ребенка мы расстались еще до его рождения, но как-то поддерживали цивилизованные отношения - до момента, пока сына не стало.

После смерти сына его отец, как мне показалось, потерял ощущение реальности и начал вести себя весьма неблагообразно, и, я бы даже сказала, устрашающе. Настолько, что мне пришлось отстраниться от общения с ним. Контакт был прерван и больше не восстанавливался. Моя мать ушла в болезнь, при этом отношения с ней тоже сошли на нет - мы почти не общаемся. Также меня перестала навещать близкий мне человек - бывшая невестка, с которой мы были дружны. Ее дочь, моя племянница и тоже очень близкий мне человек, выросшая со своим братом - моим сыном - под одной крышей, после его смерти ни разу со мной не поговорила. Когда я все же иногда общаюсь со своей матерью по телефону, она произносит одну и ту же фразу - "скорей бы все это закончилось". Она имеет в виду и мою, и свою жизнь, желая их скорейшего окончания. И тут я с ней согласна. Немного есть моментов, когда я с ней полностью согласна, но здесь мы заодно. И я всегда отвечаю ей - "да, скорей бы, мам".

С другими людьми приблизительно та же история - вокруг меня образовалась гулкая пустота. Из множества друзей, приятелей и знакомых на связи остался практически один человек. И есть везение в том, что этот человек - психолог. Она очень мне помогла и помогает до сих пор. Сюда я не отношу матерей из закрытых групп в соцсетях, которые также потеряли своих детей. Это то сообщество, с которым я всегда на связи. И это тоже меня держит.

Отношение между супругами, с детьми, которые были в семье на момент потери

Мой нынешний супруг, который не является отцом моего погибшего ребенка, всегда меня поддерживал, и точно так же поддержал меня и в этом моем горе. Он всегда оставался и остается рядом, что бы со мной не происходило. Это самая большая опора в моей жизни. На его плечи легли практически все бытовые вопросы, а также задача справляться с моим состоянием, которое иногда бывало критическим. Также это человек, который взял с меня все нужные договоренности, направленные на то, чтобы я жила дальше, а также на то, как именно я буду жить и как мы будем жить с ним вместе и строить свое будущее.

Какие у вас произошли изменения после смерти ребенка

После смерти сына в моей жизни внешне ничего не изменилось. К работе в институте я вернулась месяц спустя после потери. До этого я просто сидела в кресле и смотрела в одну точку. Никакие внутренние обязательства, никакое внешнее принуждение, ни даже наказание, если бы оно мне угрожало, не смогли бы поднять меня с этого кресла и заставить выйти в мир. Я пробовала давать себе команды, но они не работали. Наконец, месяц спустя, мне удалось каким-то особым усилием заставить себя отправиться на работу.

Прискорбно, что на работе меня ждало испытание, а потом еще и еще, очевидно, вид мой был достаточно неблагополучным для того, чтобы позволить другим издеваться надо мной и злоупотреблять моей слабостью. В результате моих злоключений мне все же удалось выстоять, злопыхателям был дан отпор, а позиция моя несколько укрепилась. Как говорила моя бабушка, "на похиле дерево і кози скачуть". В смысле, когда ты слаб, то каждый пытается тебя задушить. Поэтому быть согбенной и чахлой никак нельзя.

Что вам помогает продолжать жить?

В этом мире меня удерживает, прежде всего, страх перейти последнюю черту. Мне действительно страшно экспериментировать с собственным уходом, хотя намерения такие есть. Также я всегда вспоминаю, что дала обещание мужу, и что будет совсем не по-людски подвергнуть его такому испытанию. Иных мотивов, почему я все еще здесь, у меня нет. Сил на то, чтобы жить, у меня на самом-то деле и нету. Есть, пожалуй, громадное самопринуждение, проистекающее из ответственности. Наверное, это какое-то внутреннее правило про то, что раз уж ты живешь, так не позорься, обставь свою жизнь наиболее достойным способом, на какой ты только способна.

И, конечно, я живу благодаря известной всем инерции. Если ничего не менять, то на былом запале можно еще какое-то время протянуть. Поэтому еду на старом топливе. Также очень воодушевляет мысль о том моменте, когда придет моя природная смерть. Когда я об этом думаю, то всегда вдыхаю и немного улыбаюсь. Мысль о том, что это все когда-нибудь закончится, дает мне возможность как-то терпеть мою жизнь.

Чувствуете ли вы перемены в себе - трансформацию?

Сложно говорить про какие-то перемены во мне, тем более про трансформацию, про какие-то значительные изменения. Может быть, я бы назвала то, что со мной происходит, каким-то процессом "усечения", "оглушения", "ослепления", "выхолащивания". Такое ощущение, что меня становится все меньше и меньше. Что я усыхаю, скукоживаюсь, сворачиваюсь, стираюсь, оборачиваюсь вспять.

Я как будто все больше оборачиваюсь вспять, возвращаюсь к более ранним воспоминаниям, при этом воспоминания про сына выпадают и стираются целыми кусками, это ощущается даже физически, иногда хочется просто обхватить и зажать руками голову, чтобы из нее не вытекали дорогие моему сердцу моменты. Но многое уже утеряно.

То, что помнилось еще вчера, сегодня я уже могу вспомнить только после подсказок, а многое забыто безвозвратно, и тогда я звоню людям, которые знали моего сына, и прошу их что-нибудь мне начать рассказывать про него. И слушаю их рассказ, затаив дыхание. В некоторых сценах они мне рассказывают и про меня, так как я тоже там присутствовала. Но я уже этого, к сожалению, не помню. Поэтому просто приходится им верить. И я как будто бы проживаю свою жизнь заново, насколько она мне незнакома. Хотя и эти воспоминания я уже не могу собирать. Даже от чужих воспоминаний я чувствую, как разваливаюсь, просто очень больно ко всему прикасаться.

О моих верованиях

Я всегда считала, что с кем уж с кем, но со мной этого не произойдет. Не может произойти. Ну, потому, что это я. И это мой ребенок. И что моя жизнь особенная. Меня не могут выбрать на эту роль. Эта роль - не для человеческого сердца. Человеческое сердце, человеческая душа не сможет справиться с этим опытом. Он слишком необъятен для нее. Это не для одного маленького человека и не для одной маленькой жизни. Но при этом я всегда была грустной. Я была грустной с самого детства. Как-то в юности мне сказали, что у меня такое лицо, как будто бы я кого-то похоронила. Тогда я еще не знала, что это станет правдой. Что это уже тогда было правдой. Просто это было правдой про будущее. Но что мы с вами знаем о нашей жизни, о прошлом, о будущем, вообще о времени и о судьбе? На самом деле ничего. Сейчас я понимаю, что я просто уловила эхо событий, которые еще не наступили. И вся моя жизнь была движением в сторону этого события. Незавидный удел, хочется сказать. И в этом месте мне еще раз становится очень горько и очень обидно от той огромной несправедливости, которую мне некому предъявить.

Также хочется кратко высказаться про существующие научные подходы о проживании горя. Э. Кюблер-Росс - это не про меня. Если попробовать привязаться к этой модели, то я на стадии отрицания. Удар слишком большой, и я не могу себе позволить выйти из отрицания, иначе я погибну на месте. Как-то я попробовала пойти в свои переживания и поняла, что у меня начинается психиатрическое отклонение. Пришлось срочно паковать все чувства обратно. Таким образом, они были закованы и закапсулированы. И это позволяет жить.

Пусть этот - постоянно тлеющий в душе торфяник из непрожитых чувств, но зато я живая и в здравом уме. Хочется подчеркнуть, что базовым чувством этой стадии - стадии отрицания - есть страх. У меня он выражен через переживание экзистенциального ужаса. Это состояние не позволяет мне спать и сопровождается постоянными паническими атаками. Ну, и у меня присутствует еще и ОКР (обсессивно-компульсивное расстройство).

Что я думаю о течении времени, об изменениях и о себе самой после случившегося? Время исчезло. Оно не движется. Я оказалась в месте, где время схлопнулось в точку. Кажется, что мне всегда будет 52, как и моему сыну 21. Я всегда буду сидеть на асфальте возле него, еще теплого, и держать его за руку, сколько бы ни прошло времени. За несколько дней до его смерти мне приснилась геенна огненная, в которой я сгораю, покрываясь пузырями. И потом, уже после его смерти, каждый раз, когда я прикасалась к его вещам или позволяла себе о нем думать, мое тело обжигало как будто огнем, и оно сплошь покрывалось красными пятнами - насколько сильным было мое чувство. В прочие же моменты меня замораживало до такой степени, что стучали зубы, и мне все время приходилось во что-то кутаться, насколько мучительным был холод.

После восьми месяцев я уже не выносила того психического напряжения, которое терзало меня все это время на высоком накале, и боль была запакована куда-то глубоко, откуда доставалась и продолжает сейчас доставаться в моменты, когда ослабевают психические защиты. Это происходит, когда я засыпаю, или когда попадаю в незнакомые места или сталкиваюсь с чем-то новым. Тут-то она вся и распаковывается, вырывается и уже отыгрывается на мне, как может. В эти моменты она как конь, застоявшийся в стойле. С этим бывает очень страшно.

Поэтому осторожничаю, предпочитая не передвигаться в незнакомые места и поменьше встречаться с разными людьми, чтобы новые впечатления меня не выбивали из колеи. Ко всему, я еще и работаю. И это очень выматывает. Об официальном месте работы очень неприятно вспоминать - не менее неприятно, чем делать работу. Наличие такого вида активности ощущается мной, как личное экзистенциальное оскорбление.

Если бы не нужно было зарабатывать на хлеб насущный, я бы ни минуты не оставалась в том месте своей профессии и службе, где я сейчас нахожусь. Кажется, что душа желает думать только о нем, о сыне, пусть даже это бывает невыносимо. Вместо этого - совершать какие-то бессмысленные звонки еще более бессмысленным людям в моей жизни - или проводить непонятно зачем и непонятно кому нужные тренинги - что может быть ужаснее?

Здесь я солидарна с К. Хорни, которая, будучи первым психоаналитиком после З.Фрейда, заговорившем о женской психике, честно призналась, что для женщины социальная миссия - явление весьма и весьма условное. Женщина находит себя в материнстве и через него самоактуализируется, в отличие от мужчины. И в этом месте мне хочется выть и скрежетать, потому как мир, из того, что осталось, как раз и предлагает мне исключительно мужские способы самореализации. Других не осталось. Другие мои способы лежат на глубине двух метров глинистого грунта.

И мой женский потенциал тоже ушел в землю. Это кажется чудовищно символичным, но свою последнюю женскую клетку я похоронила в тот же день, в который происходило погребение сына. Моя фертильность и мой сын ушли вместе, приказав мне долго жить. Только вот непонятно, зачем жить? Человеку нужен миф о его бессмертии, иначе он не сможет жить свою реальную жизнь. Об этом говорили многие - Э.Берн, И. Ялом, В. Франкл.

Дети - самый надежный, самый достоверный способ заполучить бессмертие. В этом смысле я больше не бессмертна. Так же я больше не безусловно хороша, иначе бы меня не наказали таким страшным образом. И, конечно, что бы я ни делала - ничего из этого не имеет смысла - я ведь так старалась все делать правильно, но это все равно не помогло. Поэтому даже если мне удастся избавиться от привязанность к сыну и боль уйдет - если верить Дж. Боулби, то все равно мои основы рухнули - онтологически меня "больше нет", к тому же, как оказалось, я "никогда не была хорошей" и "ни на что не влияла", даже на самое малое в своей жизни. Триединый фундамент самих базовых основ существования рухнул. Здесь я прикасаюсь к обреченности и отчаянию, про которое писал Э. Эриксон. Мои задачи возраста не выполнены и мой удел предопределен.

Происходили ли события, которые сложно объяснить с помощью обычной физики

Моя жизнь всегда была наполнена непонятными вещами. Скажу больше - о многих из них я просто не понимала, не знала, что это случается "не со всеми". Я думала, что все переживают похожий опыт - видят привидения, слышат эхо будущих событий. Или, например, засыпая, взмывают под потолок и оттуда осматривают комнату, а, посмотрев вверх, видят сквозь потолок звезды.

Всяких чудес бывало у меня, но потом я как-то начала понимать, что это просто измененные состояния сознания, и что это именно мозг проделывает такие "штучки". От этого в моей жизни не прибавилось ни веры, ни мистических переживаний, разве что иногда такой опыт выматывал. Не обошли эти вещи меня и с наступлением трагедии. Добавлю, что происходили странные вещи не только со мной, но и с людьми, которые были близки с моим сыном. На второй день после его смерти его друг, сидя у себя дома, успел снять движущуюся по столу чашку, которая весьма осязаемо проделала путь по столу, раздвигая попутно стоящие предметы. Есть видео.

Также в комнате друга, прямо на глазах, как в фантастическом фильме, "состарилась" и рассыпалась практически в пыль штора на окне.

Волновался, метался и от кого-то прятался кот. В квартире, где мы живем с мужем, некто невидимый после смерти сына повадился вырывать доски из деревянного "козырька" на кухне и швырять их вниз, хотя вырвать их было не так уж просто, для этого надо было подбить доску кверху, и только потом сбросить вниз. Приходим с кладбища - доска внизу лежит, на холодильнике - вмятина. Еще одно "любимое занятие" нашего невидимого гостя было - "высосать" содержимое баллончиков и тюбиков в ванной. Бывало, только покупался крем, как на следующий день баллончик оказывался уже пустым. Как-то из закрытого бака "испарился" бензин.

А как-то три ночи подряд, это как раз выпало на одиннадцатый месяц со дня смерти, я несколько раз просыпалась посреди ночи как от толчка и видела, что большое зеркало напротив все исписано текстом. Текст мне было не прочесть, потому что как только я приподнималась на кровати и придвигалась к зеркалу, текст начинал рассеиваться. Вскоре произошло одно событие, и текст с зеркала исчез. А именно, на том месте, где муж всегда парковался на работе, на стоящую там машину упало дерево и разнесло полностью переднее стекло. Так случилось, что в тот день муж замешкался по моей вине и опоздал на несколько минут, этого хватило, чтобы его место заняли, и только поэтому удар не пришелся на его авто. Не знаю, связаны ли эти два события, но больше текст на зеркале не появлялся.

Но самым трогательным был один момент, который до сих пор вызывает во мне очень противоречивые чувства. Это было вскоре после похорон сына. Мы с мужем сидели в креслах возле журнального столика. Рядом с нами на полочке стояло фото сына и горела свеча. И вдруг по этой стеклянной полочке начал стучать некто невидимый. Я вздрогнула и взглянула на мужа.

В этом стуке был какой-то ритм. - Это морзянка, сказал мне муж. И что там? - спросила я. - Там было слово "мама", ответил мне муж. Мы оба замолчали и какое-то время смотрели друг на друга. Когда я сталкиваюсь с таким, я испытываю сложные чувства. С одной стороны, конечно, хочется верить, что мой сын не исчез насовсем, что какая-то его часть продолжает пребывать на земле и может понимать, осязать и чувствовать. А с другой стороны, я думаю о том, что если уж моему сыну было настолько плохо в этом мире, что он выбрал смерть, то не будет ли лучше, если вся эта фантомная энергия - суть проявления лишь моей и больше ничьей психики. А сын мой давно почил среди мирных жучков и зыбучего песка, и совсем - совсем ничего не чувствует. Как он того и хотел.

12.04.2020 - 14.02.2021

12

СВЕТЛАНА М. И ЕЕ СЫН

Расскажите коротко про себя

На время потери мне был 31 год, я уже была в браке с замечательным мужчиной, которого я глубоко уважаю, и моей старшей дочери было 4 года. Живу я в городе Киеве, Украина, был небольшой бизнес - школа английского языка для детей, плюс - сама преподавала.

Расскажите про вашу потерю ребенка

Мой малыш был долгожданным. Это был мальчик, сыночек. Моя старшая дочь родилась путем кесарева, и было решено нами и велено врачами ждать 3 года после ее рождения. Так и случилось, забеременеть получилось со второй попытки.

Беременна - ура! Мы ждем малыша. Я преподавала на курсах в тот момент, учила французский, занималась йогой, воспитывала дочь и мечтала о будущем. Тогда еще смела мечтать. В этот раз токсикоз был чуть выраженнее, чем с дочкой, еще и спину прихватило. И странно почему-то, но с самого начала беременности было тревожно. А еще матка часто сокращалась, начиная с третьего месяца. Но поскольку современная медицина говорит, что это нормально, то я пыталась себя в этом убедить и просто эти сокращения проживала, гладила животик, останавливалась. На работе уже замечали животик, уже интересовались. Шел пятый месяц. В 19 недель сделали плановое УЗИ.

Специалист УЗИст опытная, на что-то обратила внимание, не придала значения, но пригласила прийти перепроверить в 21 неделю. А в 22 недели мы должны были ехать в Черногорию донашивать беременность под солнцем и купать меня, дочку и малыша в море. Я даже варианты родов в Черногории прошерстила, ну так, на всякий случай. Мало ли - захочется остаться в этой стране на подольше. В 21 неделю я поехала в свою частную клинику, где я наблюдалась. А муж с дочкой собирались к стоматологу. Я пришла ко своему времени, легла на кушетку. Смотрят, еще раз смотрят, проводят датчиком, мое сердцебиение учащается. Внутри как будто все опускается, я напряжена. Осмотр заканчивают. Меня просят выйти и подождать. Слышу кому-то звонят. Сижу и уже еле сдерживаю слезы. Хотя еще ничего не знаю. Просят войти. Сажусь. Мне говорят что-то медицинскими терминами. Мысль одна, с моим сыном что-то не так. Слезы. Трясутся руки. В голове туман. Что делать?

Мне дают какие-то инструкции, пойти к гинекологу своему, взять какую-то бумажку, чтоб отнести в институт педиатрии и акушерства, чтоб там меня посмотрел еще один узист. Звоню мужу. Захлебываюсь слезами и не могу сказать ему, что он мне нужен, что мне надо, чтоб он приехал. Просто всхлипывания. Беру себя в руки, говорю, пытаюсь быть тихой и не привлекать внимание, вокруг беременные, мне важно их не напугать (серьезно, блин!???).

Вместе думаем, с кем оставить дочь, сейчас ей быть с нами совсем нельзя. Гинеколог на втором этаже. Ступеней 20. В голове туман, ноги и руки ватные. Слабо понимаю, что делаю. Эти ступени помню и по сей день. Эти ступени - самые трудные мои в жизни. Вроде бы держусь то за стену, то за перила. Дошла. Гинеколог выходит из кабинета. Ей уже позвонили. Отводит меня в уголочек-закуточек, чтоб никто не слышал и не видел, тихо говорит мне, что делать. Так, как будто я прокаженная. Дальше я оставляю машину под клиникой и иду в институт пешком, понимаю, что с управлением машиной я сейчас точно не справлюсь. Иду на автопилоте и автомате, не помню ничего из того, что было по дороге. Туман. Я на месте. Жду еще одного врача. Слава небесам, приезжает муж.

С этого момента мы никогда не будем прежними. Это переломный момент в нашей с ним совместной истории. Дальше был калейдоскоп врачей. Вердикт один - патология развития головного мозга. Надежда на сильного нейрохирурга.

Едем к нему в институт нейрохирургии, звонки, деньги. "Есть надежда" - говорит он, но гарантий нет, не понятно как будет развиваться мозг и каких претерпит изменений. За следующие 2 недели в условиях постсовковой медицины мы побывали в разных больницах, делали МРТ малышу, который был еще в животике, ездили к единственному специалисту в Киеве, которая специализируется именно на расшифровке патологий головного мозга.

Она тоже дала надежду. А на следующий день перезвонила и сказала, что, вероятно, она ошиблась. Еще один именитый специалист УЗИ теперь уже при роддоме, который пригласил своих коллег, не увидел ничего. Говорит, что мы придумали и у ребенка все нормально. Снова к нейрохирургу с надеждой, вдруг все исчезло, рассосалось, но, увы, совсем нет, просто тот горе-узист не смог увидеть эту часть мозга, малыш ворочался. А нам дал ложную надежду и окрылил нас буквально на день, после этого дня окрыления было еще больнее падать в бездну реальности.

Двадцать третья и двадцать четвертая неделя. Малыш в животике. Он ворочается, я его чувствую. И я не знаю, мне его любить или нет. Если я буду любить сейчас, мне будет очень больно его терять, если мы примем решение о прерывании. Если я не буду любить его, как он сможет без моей любви жить. Я выбрала тогда не любить, отстраниться. Эти две недели мы просыпались с мужем по ночам, не сговариваясь, и плакали, и говорили. Мы не знали, как лучше: прервать беременность? Закончить жизнь малыша? Отказаться от мечты о двух детях и всего, что с ними связано? Или жить с малышом, который умрет вскоре после рождения или будет просто лежать, мучаясь от судорог, не в состоянии двигаться и говорить, станет обузой для нашей семьи. Возможно, не оставит нам времени на старшую дочь и на самих себя, в худшем случае муж просто не выдержит, не справится и оставит меня с двумя детьми без денег на жизнь.

Мы всматривались в снимки УЗИ и МРТ в надежде получить ответ с небес. Последней каплей были два биоэнергетика, видящих человека. Их мнение было одинаковым, они мягко намекая подводили к тому, о чем медики говорили уже как о свершившемся факте. Прерывать. Боль, отчаяние, слезы. Закончить жизнь моего малыша. Которого я так хотела. Который со мной под сердцем уже вот 22 недели. Я как женщина, как мама, я не могла этого допустить. Убить своего ребенка. Для меня это было невозможно.

Обсуждения с мужем, с семьей, поиск похожих историй в интернете, изучение их жизни после, того как они справлялись, как они прощались. Но решение принято. Как бы мне этого ни хотелось. Сама себя обеспечить с в двумя детьми не смогу, включая ребенка-инвалида. А мужа потерять боюсь. Муж не хочет прерывания всем сердцем, но земные размышления и реалии постсоветской медицины и отсутствия социальной поддержки в Украине подводят нас к тому, что мы принимаем решение прервать.

Дальше начинается еще один квест... Уже 24 неделя, а прерывание по медицинским показаниям в Украине разрешено до 22 недели.

Нужно пройти медкомиссию, которая даст на это разрешение, а потом и роддом, в котором можно прервать беременность. И с этим мы справляемся. Потом, череда майских праздников и роддом не берется, надо ждать еще. 26 неделя - гинекология, в родильное отделение меня никто положить не может. Таблетка, которая сейчас отключит гормоны беременности. В одной руке таблетка, в другой - вода. Надо выпить. Выпить таблетку - означает убить. Напротив меня муж. Он смотрит глазами полными любви ко мне и к сыну, сочувствия и боли.

У меня начинается истерика. Я такой себя не помню и не знаю. Истерика от которой невозможно сделать вдох. Я не могу дышать. Появляется врач и шикает в мою сторону, что мне надо уйти, чтобы не распугать беременных. Потом мучительные схватки, тошнота и рвота, невозможно проследить, где начинается, а где заканчивается схватка. Я в обыкновенной палате. На полу плитка. Мне хочется стоять на коленях, лежать на полу. Я ищу позу, хочу мяч, висеть на ребозо, ванну, все, о чем я мечтала для себя в эти родах. Прошусь в родильное отделение, хочу достойных условий. Но нельзя, не положено, я же тут полулегально.

Мне прокалывают пузырь, чтобы ускорить роды, прошу разрешить мне быть на корточках, помню эти корточки и холодных кафель в неприспособленном для родов гинекологическом кабинете. Меня заставляют залезть на кресло гинекологическое, это невероятно больно, быть в кресле, на схватке, в родах, когда твой организм совсем не готовился к ним, когда запустился родовой процесс, а организм не хочет расставаться с малышом.

Он рождается, я чувствую, как он проходит через родовые пути, ощущаю, как вышел, и чувствую пуповину. Я прошу мне его не показывать. Я буду проклинать себя за это. Но так было написано на форумах, которые я читала, там писали, что так лучше и легче. А я зачем-то поверила. Дальше меня вырубают, анестезия, чтоб дочистить матку. Как бы я хотела, чтобы этого момента не было. Меня не предупредили. Я была голая, на кресле. Как вышла плацента, я уже не чувствовала.

Потом я очнулась уже в палате. Было ощущение, как будто меня изнасиловали. Потом окажется, что процедура эта не обязательная, и можно было без нее. Еще день и можно домой. Со мной все хорошо. Я много хожу. Из роддома спешу забирать от бабушки свою дочь. Иду домой с ней играть. Я тогда не понимала, что мне нужно много заботы, тепла, уюта и вкусной еды. И подвязать живот и много лежать. Иду на психотерапию сразу после потери, рассказываю свою историю (позже понимаю, что это приводит к травматизации), и на неделю сваливаюсь с ущемлением нервов от расхождения тазовых костей.

Сына нет, а я как ненормальная радуюсь тому, что в этот раз я таки родила сама, вагинально, а не кесарево как в первый раз. Интересный психика выход нашла. Дальше с нами случается Черногория, на полтора месяца позже, с потерей денег за жилье и билеты. Ее я помню по фото, все остальное кроме нее, практически на пять месяцев - один сплошной провал в памяти.

Какое у все вероисповедание и помогает ли оно проживать потерю?

В моей жизни было немного ведической психологии и эзотерической литературы. Помогла вера в переселение души. Помогла книга Майкла Ньютона, с реальными примерами опыта регрессивного гипноза. Пришло осознание вечности души и уважение к пути Души Сына.

Отношение семьи и окружающих к горю

С мужем вместе проживали и открывали грани горя. Его семья эту тему не упоминала, не говорила с нами, мои родители тоже особо не разговаривали. Переломным моментом в моих отношениях с родителями стала фраза моей мамы "Не зацикливайся, дочь, надо жить дальше".

Было очень много злости на маму. Но было где-то понимание того, что она не со зла, что хочет помочь. Она говорила, что она хочет взять мою боль на себя. Но мне не это нужно было. Мне нужно было, чтобы мою боль признали и просто шли со мной рядом. Тогда я сделала выжимку нескольких статей, про то, как протекает горе и как чувствует себя человек в горе, что ему нужно в этот период, и отправила ее родителям.

Вот что я написала родителям: "Папуль, спасибо тебе, ты всегда меня поддерживал и помогал, всегда был рядом, когда мне это было нужно. Спасибо тебе большое за это. И сейчас ты помогаешь и пытаешься меня понять.

В этих файлах - немного о том, что я сейчас чувствую. О боли, о том, что она есть. О том, что нужно просто время. И все, что происходит со мной, это тяжело, да, но это абсолютно нормально. Это недолго и не неправильно. Это будет длиться столько, сколько мне будет нужно на это времени. Это закономерно. Это дает мне возможность понять себе лучше, я учусь быть с собой, понимать, что происходит со мной, обходиться со своими эмоциями, я на многое уже смотрю по-другому, я уже гораздо сильнее, а буду еще сильнее.

Спасибо, ПАПА!

Маме привет! Передай ей, что я ее люблю "

Где-то с неделю была тишина. После этого мне написал папа. Предполагаю, просто написать было гораздо легче. Написал, что не знает, что сказать и отступает в сторону, как-то так. После этого мои родители больше не поднимали тему горя, просто делали вид, что все как обычно. То есть не торопили, но и особо не поддерживали.

Отношение между супругами, с детьми, которые были в семье на момент потери

Отношение были прекрасными и стали еще крепче, рука об руку, плечо к плечу мы прошли этот путь. Мы есть друг у друга. Мы понимаем сейчас друг друга лучше. Мы более свободны, что ли. Нам легче гораздо говорить о чувствах, прощать слабости. Есть много заботы и трепета. Мы изменились, мы совсем не те беззаботные птенчики, которые были, мы замороченные и тревожные. Но мы глубокие, честные, бережные и благодарные сейчас.

Если бы меня спросили, хотела я бы все вернуть назад, я скажу, что вряд ли. Этот опыт потери вывел меня, нас, на совсем иной уровень, моя ценность для мира стала выше, мое ощущение мира приходит ко мне уже сквозь призму любви и благодарности. И это все благодаря сыну и моей, нашей работе, над собой.

С дочкой было сложно, ей было 4 года, я не могла контейнировать ее эмоции, на некоторое время от нее отдалилась эмоционально, ее истерики выдерживал муж, но не я. У нее часто тогда случались истерики. Я просто уходила, чтобы не слышать и не сломаться. В меня они не вмещались попросту. Сильно винила себя за это. Однажды возвращались в поезде с друзьями из путешествия, у дочки случилась истерика, я понимала, что ее истерика меня взрывает, и я ушла в тамбур, а успокаивала ее моя подруга. Мне тогда казалось, что я настолько никчемная, что моя подруга на меня так косо смотрела, что же я за мать такая-то. Сейчас я обнимаю себя ту, и говорю, что я прекрасная мама для своей дочери, и я делала все, что я тогда могла для нее.

Какие у вас произошли изменения после смерти ребенка?

Стала еще больше интересна психология, прошла несколько тренингов по созданию "безопасного места" для родителей после потери, по травматерапии, окончила двухгодичный курс по семейной психологии, курс по ненасильственной коммуникации. Стала помогать родителям после потери. Начала вести группы поддержки. И в конце концов стала частью организации, которая оказывает поддержку родителям. Помогая другим, мы помогаем себе. Такая бескорыстная помощь учила меня саму просить о помощи. Оказывается, я это раньше не умела. А еще таки снова училась благодарности. И состраданию. Я осознала уникальность каждого пути, пути каждого Человека, каждой Души. Я стала учиться уважать это. Это помогло мне видеть разнообразие мира, мир как будто расширился для меня, его границы раздвинулись.

Чтобы помочь себе я последовала примеру мужа и поехала на трехдневный ретрит, медитация в молчании. Было сложно эмоционально очень, но очень важно для допроживания тоже. Потом ездила повторно. Уникальный опыт.

Мы завели собаку, золотистого ретривера, через два года после потери взяли. Осознаю, что эта была возможность выплеснуть вот те материнские чувства, что остались не удел после потери. Собака - моя огромная радость, мой самый любимый психотерапевт. У нее даже прозвище в семье "психолог", потому что она всех успокаивает, когда кто-то нервничает.

Все еще не знаю, где мое место в профессиональном плане. После потери проявилось много страха, много неуверенности, мои шаги очень робкие. Я стала очень уязвимой. И поиск себя, своей новой идентичности сильно усложнился.

Через 3,5 года после потери мы переехали в дом, вот сейчас пишу, а под окном поет соловей. Сейчас я гораздо ближе к природе, а природа мой огромный ресурс. Я счастлива здесь быть со своей семьей.

Что вам помогает продолжать жить? Где берете силы?

Уже вышла из горевания, иногда грущу. Сейчас есть много радости. Мой большой ресурс - возможность обсуждать с мужем все, что волнует, делиться мыслями, чувствами, природа (лес в особенности), собака, возможность помогать другим в проживании, моя работа меня тоже поддерживает, время наедине с собой.

В самом начале проживания - это была работа с психотерапевтом, чтение историй в группе "Сердце Открыто", книга Анны Старобинец "Посмотри на него", снова Природа и дозированная работа. Свободное время на проживание чувств. Йога. Медитация. Путешествия, благодаря которым я могу ощутить себя живой. Отсутствие необходимости сильно переживать о финансах благодаря мужу.

Чувствуете ли вы перемены в себе - трансформацию?

Да, вскользь затрагивала выше. Другая глубина мира, более широкие его границы. Больше сейчас воспринимаю мир через чувство любви и благодарности. Мне легче понимать людей, теперь я точно знаю, что "Behind every "Fuck You" there is a bleeding heart"

Знаю теперь о несправедливости мира.

И про отсутствие какого-либо контроля про свое невсемогущество, верю, что то, что должно случиться, случится несмотря ни на что или вопреки всему. Смерть сына добавила больше ЖИЗНИ в мою жизнь, и это так круто. Я стала более осознанной, то есть больше в моменте. Я четко ощущаю, что следующего момента может не быть, потому что следующим моментом может стать смерть, поэтому я должна быть здесь и сейчас по максимуму, отдаться ему, наполнить его и наполниться им, чтоб если вдруг я уйду из жизни, или кто-то рядом, я буду знать, что я сделала все возможное.

Мне важно жить экологично сейчас, начиная от сортировки мусора, заканчивая отношениями с людьми. Мне сейчас верится в то, что мы все как-то связаны. Я более тревожна и менее беззаботна.

Происходили ли события, которые сложно объяснить с помощью обычной физики?

Нет, или я просто не обращала внимания.

Напишите как у вас проходили/проходят пять стадий горя, о которых писала Кюблер-Росс:

Отрицание

Скорее, у меня было отрицание диагноза, длилось недели две, лечилось с помощью бесконечных проверок.

Злость

Было много ее, через край, даже ярости. Меня, хорошую девочку, отличницу, не учили злость выражать. И я ее хранила в себе, тем самым вызывая аутоагрессию (ранилась, билась, теряла ключи), либо на мужа и на дочь кричала. Я очень сильно кричала. Их было очень жалко, они были не виноваты, поэтому училась с психотерапевтом экологично проживать злость. Даже в специальный центр антистрессовый ходила, и била там посуду. Это был сущий кайф, всю свою злость направлять в чашку, бутылку, тарелку, и слышать как она разбивается. Тогда еще ходила на пробежки, мне кажется, тело так само тянулось к проживанию злости, вот только сейчас это осознала, описывая это.

Торг

Не помню

Депрессия

Осознала ее в терапии, подтверждала тестом. До сих пор помню момент, нет, не про то, что устала, что невероятно сложно себя было поднять на работу, не про то, что потеряла вкус к жизни, а про зиму, снежную. Мы поехали на выходные в лес, все покрыто снегом, замерзшее озеро, сосны, солнце, я смотрю на снег, он искрится на солнце, но от этого нет радости внутри все равно. Это страшно, потерять радость к жизни и в жизни - страшно. Сложнее всего в горе мне было со злостью, страшнее всего - с депрессией.

Принятие

Многослойный, долгий период, принятий было несколько, первое - принять, что сын умер (в первые полгода), второй - принять себя в своем выборе прервать беременность (уже на третий год после потери).

13

ОЛЯ И ЕЕ СЫНОВЬЯ ЛИРОН И НАДАВ

Расскажите коротко про себя

Меня зовут Оля. Я живу в Израиле, мне 37 лет. замужем, дома две девочки 12 лет и 1.5 года. На время потери мальчиков мне было 34 и 35 лет, потери было две, хотя первая беременность из пяти тоже закончилась потерей на 14 неделе.

Расскажите про вашу потери

На самом деле у меня произошли три потери, хотя о первой потере я вспоминаю редко, там мало, что зависело от меня. Чувства вины как такого не было. Да, было больно, но ни в какое сравнение не идут следующие две потери. Я тогда была молода совсем, 22 года, 31 декабря 2004 года. Случился выкидыш на 13-14 неделе, я даже не успела узнать, мальчик или девочка был этот ребенок. У меня были тогда плохие анализы на цитомегаловирусную инфекцию (ЦМВ), может поэтому был какой-то сбой и всё само собой произошло. Я тогда не поняла вначале, что происходит. Это случилось в новогоднюю ночь. Были странные боли, терпимые, это сейчас я знаю, что начались схватки. Утром проснулась в луже крови, забрали в больницу. По памяти помню, что начались схватки и сама родить не смогла, сильно кричала и меня отвезли на чистку. Потом прошло молоко, было тяжело, но сейчас я об этом вспоминаю спокойно.

Вторая потеря случилась в 2016 году. На тот момент у меня уже была дочь, восьми лет. Мы с мужем как-то долго не решались на второго ребенка. То учеба. то работа, то просто не получалось. Я забеременела в Праге в Августе, можно сказать в день моего рождения 7 августа. Когда я узнала, что это мальчик, я испугалась. У нас в семье с моей стороны нет мальчиков, то есть у моих бабушки и дедушки с маминой стороны есть только внучки, восемь внучек.

Сейчас, оглядываясь назад, я думаю, что спугнула судьбу этим, и поэтому мальчикам в моей семье не суждено было родиться живыми и здоровыми. Это было маленькое, но очень важное отступление - мысль, с которой я живу.

Мы этого мальчика ждали, как чуда, я привыкала к мысли, что стану мамой мальчика. Не знаю даже, почему я боялась быть мамой мальчика. Возможно, отсутствие опыта, я не знала, что с ним делать, как вырастить мужчину или это связано с тем что до лет 18 я была диковатой в общении с мальчиками. Всё шло хорошо примерно до 31 недели. У нас уже было имя - Лирон, значит "моя радость". Я помню, как взяла с собой Ясмин на проверку веса малыша, мне не с кем было её оставить дома. Женщине-технику вдруг не понравилось сердечко малыша. Она увидела на нем белые точки, пятна. Ясмин всё слышала.

Я не испугалась, старалась настроить себя положительно. Позже мне позвонили из центра, где была эта проверка и заказали мне очередь на Эко сердца ребёнка. Я в хорошем настроении вышла около двух часов с работы и поехала на это Эко.

С этого начался мой ад в прямом смысле этого слова. Врач-кардиолог сказал, что на сердце ребёнка видимо рабдомиомы, которые указывают на сложное генетическое неизлечимое заболевание - Туберозный склероз. Он сразу сказал, что жаль, что я пришла одна, без мужа, что он рекомендует прервать беременность, потому что ребёнок будет страдать эпилепсией, умственной отсталостью и много ещё чем. Что заболевание тяжёлое.

Я не верила своим ушам. Как можно прервать беременность, тем более на такой неделе. Малыш уже полноценный человечек, он живой, любимый, долгожданный. Это убийство. Я просто была ошарашена, что врач рекомендует в моём понятии убить ребёнка. Помню как выходила из кабинета, как в тумане. Это сон? Ошибка? Да, это ошибка, говорила я себе. Позвонила мужу, попросила срочно приехать. Он просил меня успокоиться; говорил, что всё будет хорошо. Я так и заскочила в первый попавшийся автобус в мой город, но не знающей точно куда он едет.

Сидела в автобусе в солнечных очках, глотала слёзы и говорила и гладила живот, что всё будет хорошо. Я и сейчас помню эту остановку, как отдельный мир, нереальный параллельный мир. Муж мой очень долго не понимал, что происходит, не понимал, что это за заболевание и не хотел о нем читать. Я надела маску дома для дочери, уже взрослой. Это было время праздников, весна. Я обязана была держаться.

Приехала домой, зашла в интернет. На русском всё звучало почему-то страшнее, чем на иврите. Я постоянно твердила себе, что всё снова проверят и это окажется ошибкой. В этом ужасе мне повезло с врачами. Я не знаю, как выдержала эти недели проверок, ожиданий, надежд.

И этот вопрос ко мне: " Что я решила?" Ни один врач не давал надежды, но в то же время меня проинформировали, что есть родители, которые осознанно оставляют таких детей. Никогда неизвестна степень тяжести болезни. Я во всем этом была одна, муж не понимал до конца всего ужаса. Помню, как врачи говорили между собой, обсуждая мой случай, какое красивое сердце у малыша, как оно хорошо работает. Ожидания было бесконечны. Время шло. Конечно, сейчас я не совсем помню, что за чем и когда шло. Я просто дышала ради дочери дома. Комиссия, проверки, жуткое ощущение в теле, тяжело дышать и абсолютное отрицание происходящего. Я решила для себя тогда, сделала выбор, а произнести его вслух было мягко скажем нелегко.

Я сама себе сказала: "Этой беременности как будто и не было, я снова забеременею и забуду об этом аде." Ночами я помню, как боялась родить, были схватки. Но самый ад ждал меня впереди. Уже шла 36 неделя. В Израиле, если есть какое-то серьезное отклонение в развитии плода или есть угроза жизни для плода или женщины, разрешается прерывать беременность на любом сроке. Я тогда знала, что не смогу видеть своего ребенка страдающем эпилепсией, живущем на лекарствах, умственно неполноценным и со многими другими симптомами. Да, я боюсь, да, я хочу здорового ребенка, и мне тогда генетик сказала, что не у всех родителей есть такая возможность решить, рожать или нет, и что мне типа повезло. Так что скажи "спасибо"....

Я как будто со стороны наблюдала за событиями в фильме. Эти врачи мне казались порой циничными, порой сочувствующими, порой безразличными. Итак, я поняла, что не способна родить ребенка с таким заболеванием, я, как говорят, не буду это нести как крест.

В России ведь так и говорят: "А вдруг это твой крест? Кто ты, что вправе решать?" Для меня это было и есть сейчас убийство, пусть во благо его, моей семьи, но это нарушение самого святого для меня. Я раньше всегда осуждала тех, кто решал делать аборт, а тут жизнь меня поставила на место, да ещё в таком ракурсе. Я и муж приехали в больницу. Нам дали самую дальнюю палату только для нас. Дочери дома я сказал, что просто поехала на проверки. Около 12 часов дня я прошла через ад. Я подписала все документы на соглашение проведения процедуры. Легла на кушетку, муж был рядом, сидел на стуле и держал меня вроде бы за руку, я не помню. В сердце малыша вставили иглу с соляным раствором (?) через мой живот.

У врачей это вышло не с первого раза. Я чувствовала, как мой сын уворачивался, боролся, по моим ощущениям этот ад длился полчаса минимум. Я просила у него прощения, миллион раз, я практически упала в обморок, а муж - да, упал в обморок. И этот кивок одного из врачей, что всё. 35+ 4. Я тогда умерла. Я стала гробом, а секунду назад была теплым домиком. Потом меня на коляске отвезли в палату, а мне уже было ясно, что самое страшное я прошла, роды не так пугали меня. Вечером удостоверились, что нет пульса и начали готовить меня к тихим родам. Меня спросил социальный работник, хочу ли я видеть его, сфотографировать, попрощаться. Я тогда категорически сказала "нет". Это всё ещё был фильм со стороны. Он кончится, я всё забуду, этого и не было вовсе со мной, я снова забеременею и всё будет хорошо.

Мне дали препараты, вызывающие схватки, и утром я родила моего сына, мёртвого. Он выходил с трудом, ведь он не мог сам себя толкать. Я помню, как закрыла глаза, чтоб не видеть, я боялась повернуть голову в направлении, где были эти зеленые простыни, а в них он, мой сын, мёртвый. Тишина, тихо льются слезы. Это не я, это не со мной. Муж пошел посмотреть на него. Сказал, что он похож на меня. Через несколько часов я поняла, что зря не решилась его взять на руки. Это мой сын, он ведь не вещь, от которой избавились, говорила я себе. Хотя это именно так и было.

Муж мой тогда очень держался хорошо, был со мной. Не каждый способен видеть лужи крови и спокойно их вытирать. Эти кадры, как начинались приступы плача и затихали, зеркало, в которое я смотрела на пустой живот, сильная дрожь, что нельзя было держать в руке стакан. После выписки было страшно возвращаться домой к дочери, сказать ей, что братик не родится. Как она плакала, моя Ясмин, а я была бессильна и не знала, что ей ответить на вопрос: "Почему?".

Жизнь разделилась на до и после. Каждое утро я привыкала к новой реальности, что нет, не будет этого малыша с тёмными волосиками, лежащего со мной рядом. Я до сих пор вижу эту картину перед собой спустя 4 года. Мне было практически не больно смотреть на кроватку с крохотными вещичками, на коляску. Было очень больно смотреть на фото, где наивность ещё была с нами, и он был с нами, и я, та, осталась только там.

Моё тело и душа заморозились, окаменели. Я благодарна Ясмин, ради неё я вставала каждый день, дышала, функционировала как мама. Как женщина, как жена я не существовала. Я постоянно думала о сыне, перед глазами шел фильм и туда-сюда перематывалась плёнка. Мы как-то вышли погулять, чтоб отвлечься.

Я не понимала, почему все с таким ажиотажем покупают вещи, радуются этим поганым шмоткам, еде в ресторане. Это ощущение откликается во мне меньше, но оно есть, всегда. Нужно было отвечать соседям, знакомым, коллегам по работе на поздравления, что-то объяснять. Я тогда и сейчас не понимаю, почему стыжусь того, что мой сын умер, что он не сам умер. Немногие конечно же знают подробности, почему и как...

Иногда задумываюсь, расскажу ли я дочери старшей, когда она вырастет всю правду. Через две недели моего первого мальчика похоронили. К счастью у меня появился второй шанс с ним попрощаться. Я и муж зашли в комнату, где стояли носилки. На них завёрнутый в белую ткань (не помню как она называется) лежал наш крохотный малыш. Муж спросил меня, хочу ли я увидеть его и приоткрыл ткань. Как же я ему благодарна за это. Я пытаюсь не забывать его личико, белое, с закрытыми глазками, бровками, на которых ещё сохранился желтоватого такого цвета налёт, он есть у всех новорождённых.

Он выглядел, будто просто спит. Маленький подбородок, носик, тёмные волосики, лобик. Я его гладила, это прикосновение со мной в памяти. Я чуть чуть отодвинула ткань и увидела, что он после вскрытия, что меня абсолютно не испугало. Хотелось там стоять рядом с ним долго-долго, запомнить его, не оставлять. Потихоньку лились у нас слёзы. Мой сынок... Лирон. Жизнь, которой нет, первый твой плач, которого я никогда не услышу, я никогда тебя не обниму, не покормлю и не увижу твоей улыбки. Никогда... Я не знаю, стоит ли описывать подробно, как в Израиле хоронят деток, умерших до родов или до 30 дней после рождения.

В городе, котором я живу, детей хоронят этажами, у них у каждого нет памятника, нет имени на могилке. Есть плита, на которую можно поставить свечи, положить цветы, например. Давно я там не была, давно... Когда произошла первая потеря, нам дали возможность выбора: либо похоронить самим, либо полностью дать больнице заняться похоронами.

Была и другая возможность, о которой не упоминалось, и я не думала об этом тогда. Можно было самим похоронить и памятник поставить с именем. Так нелепо было оказаться там, где ты никогда не думал оказаться и никогда не задумывался, что так бывает, либо просто не пускал мысль в свою голову.

Ребёнок может родиться, но это будет днем его смерти. Вокруг тебя никто не знает, как себя вести. Я чувствую себя неловко, когда говорю об этом. Для мира этого малыша будто и не было. Его никто не знал так, как я. Даже муж не мог знать его лучше меня, хотя видел его сразу после рождения. Такие дети - это почти сбывшаяся мечта, жизнь, почти, не хватило совсем чуть-чуть....

Эта мечта в земле, о которой помнят только мамы и папы. Потом были бесконечные изматывающие звонки, ожидания, дрожание рук и волнение при звонке с больницы, который стал для меня вторым домом, куском жизни с запахами, людьми, которых я практически не помню. Через полгода я получила отсчет, который подтвердил диагноз, потом была сделана генетическая проверка, найдена мутация. Все эти месяцы я жила как на качелях, туда-сюда, от света к тьме, и всегда неожиданно, внезапно, как удар, к которому не готовы. Потом конечно привыкаешь. Считаешь достижением, если в интимные минуты с мужем не думаешь о своём теле, которое дало смерть, а не жизнь, о груди, которая наполнялась молоком, о природе, которая была обманута.

Врачи были уверены, что такого больше не повторится, что мутация не наследственная. Я снова забеременела со спокойной душой с первого раза с помощью овуляционной проверки. Снова мальчик. Это он, его душа вернулась ко мне, думала я и плакала и благодарила Бога. На всякий случай я пошла на проверку, чтоб убедиться, что на этот раз малыш здоров. Прокол в живот, взята жидкость, снова иголка в живот и воспоминания об аде. И этот ад вернулся, только раньше, мы даже имя не успели ему дать. И этот малыш тоже был болен. Бедная моя Ясмин, которая снова плакала, уже не так сильно, как тогда, она дала ему имя - Надав, от слова надив - милосердный. Я уже знала, что меня ждет. Я не дала им убить его в моем полном сознании. Меня усыпили, я проснулась и снова предстояло пройти роды.

Я его взяла на руки, я не боялась как тогда. Его похоронили там же, недалеко от Лирона. Мои мальчики рядом, там много вместе с ними других детей, любимых детей. Давно я к ним не приходила. Я знаю, что им не больно, что их души не там, я представляю порой, как их тельца лежат в земле, которая то наполняется водой от дождя, холодом, то нагревается от лучей солнца. Я знала, что это только их оболочка, тело, которому всё равно. Я помню прикосновения к ним, холодные. Жаль, я не могу прикоснуться к их душам и поговорить с ними.

Какие у вас произошли изменения после смерти ребенка

Иногда я рассматриваю себя, своё тело, знаки, следы, фото. Сейчас это грусть, боль не резкая, боль тихая, ноющая, как маленькая рана, которую то и дело расковыривают, не дают зажить. Весна для меня уже не беззаботное время любви, когда просыпается природа. Весна для меня это период тихой спокойной грусти, памяти, что не стирается, хотя иногда кажется, что я все дальше и дальше от моих мальчиков, будто я их поместила в коробочку, спрятала её, закрыла крышкой, и будто не было их, это просто кино. Так сложилось, естественный отбор. Иногда меня тянет туда, в эту бездну, обстановку, больницу, запахи, хочется снова быть там, вспомнить всё снова и снова, каждую деталь вернуть, прожить её. У меня сейчас есть возможность поговорить с душами моих мальчиков, но я пока не готова. Время придёт...

Какое у все вероисповедание и помогает ли оно проживать потерю?

Я бесконечно благодарна Богу за то, что у меня есть. Да, на данный момент мне сложно понять свое полное отношение к Нему. Я не отношу себя ни к какой религии, но Бог безусловно существует. Где-то у меня да осталась какая-то злость на Него, а может и нет. Я просто ещё не поняла, зачем мне дан был этот урок, моей семье, зачем.

Чувствуете ли вы перемены в себе - трансформацию?

Да, я изменилась. Стала циничней видимо, меньше стала бояться, обращать внимание. Но с другой стороны, поняв, что ты не всегда властен над своей жизнью, я боюсь потерять моих любимых, мою семью. После этих потерь у меня родилась Ширэль, дочь, не сын.

Беременность во всех смыслах была нелёгкая, жизнь мне снова показала, что не всегда выходит, как мы планируем.

Сейчас все мысли и воспоминания перепутаны, перемешаны. Сначала я расстроилась, что это оказалась девочка. Тут действительно снова будто был знак, что от меня зависит далеко не всё. Мы сделали Эко с генетической диагностикой, чтоб можно было подсадить здорового эмбриона. К счастью получилось всё с первого раза.

Я и муж решились подсадить два эмбриона, я до сумасшествия хотела мальчиков назад, близнецов, а вышла девочка, одна. Конечно, не было наивности, радости, волнения, до последнего я не осознавала, что я рожу здорового малыша, живого.

Ширэль родилась ровно в 35 недель, она оказалась младше Лирона на 4 дня, что для меня ещё больше указало на то, кого я потеряла тогда. Сейчас ей уже полтора года. Часто, смотря на неё я думаю о моих мальчиках, смотрю ей в глаза, возможно хочу увидеть какой-то знак, может привет от них.

Однажды мне приснился в сон, в котором я встретила мальчика лет 4 примерно, светленького с голубыми глазами. Я его спросила, кто он, а он сказал, что он - Лирон и повёл меня на кладбище. Были еще сны, связанные с моими мальчиками. Иногда это сон, где я разговариваю с папой и плачу о своих потерях, рассказываю ему о них, иногда это какие-то отрывки родов, кусками...

Сейчас я всё ещё надеюсь, правда слабо, что у меня когда-нибудь родится здоровый сынок. Мой мальчики всегда со мной, я знаю, что когда-то встречу их. Уже по прошествии почти четырех лет я, порой, не осознаю, что через это прошла. Я часто думаю, какой для меня это был урок. Да, многие вещи в жизни для меня стали неважными, как когда-то до.... Со мной всегда ощущение незаконченности какой-то, незавершенности...

Я очень хочу сына, и у меня есть время немного, чтобы успеть родить. Скоро 9 мая - третья годовщина потери второго сына. Время мчится всё быстрей из года в год. Рядом со мной спит моя радужная девочка, мой подарок, мой кудрявик Ширэль. Кстати, вовремя того, когда я была в больнице перед родами, заболела одна из наших кошек, сфинкс Тити. Она умерла, а до сих пор думаю, что это - от стресса, которого она не смогла пережить. Это тоже для меня была потеря, очень скучаю по ней.

Безусловно, я уже не та, и я даже рада этому, только жаль, что цена оказалась такой. Конечно, можно много и бесконечно писать, говорить, - это мы, нет конца. Всё время тут и там всплывают новые воспоминания, ассоциации. Каждый маленький мальчик почти всегда напоминает мне о моих мальчиках. Каждая беременная женщина это мой страх, зависть и радость, что она через это не пройдёт. Сейчас я очень стараюсь ценить каждый миг прожитый мной рядом с семьей. Приходится много работать над собой, разговаривать с собой, чтоб всё негативное уходило прочь, а то оно как яд изнутри порой жаждет меня поглотить. Нужно учиться жить, а самое главное, любить, несмотря ни на что и вопреки всему.

Ниже прилагаю свои стихи, связанные с потерями, материнством и обращения к моим детям.

Счастье

Пока нет имени, пока мы незнакомы,
Но ты со мной, внутри и вместе мы,
Пока я в роли маленького дома
И согреваешь ты меня среди зимы.
Тревожно, боязно, что будет дальше,
Ты вырастешь, вмиг время пролетит,
Не уберечь тебя от лжи и фальши,
От боли и пустых обид,

Но это все с тобой преодолеем
Пускай через ошибки, мой сынок,
И для тебя я стану другом, я сумею,
И в этом мне поможет бог.
Быть может нет его , но точно знаю,
Что благодарна жизни, миру и судьбе
За чудо, что сейчас я обнимаю,
За счастье то, что кроется в тебе.
(14.12.15)

Прости

Мне сказали, что так будет лучше
Что выхода нет, сынок,
Что нам предоставился случай
Выбрать одну из дорог.
Кто простит за трусость, за слабость,
Что не было сил взглянуть, прикоснуться, и лишь остались
Боль и страх, и уже не вернуть
Силу жизни и силу верить,
Разрушен наш хрупкий мирок,
Понятный лишь нам, потерян
Чуда, надежды глоток...
Я буду жить ради близких,
Через силу себя убеждать,
Что тебе хорошо там, с мыслью,
Чтоб как то себя оправдать.
Ведь сказали, что так будет лучше...
Тебе ведь там лучше, сынок?
А вдруг ты ответишь и случай

Соединит нас в замок.
Ты рядом, всегда, навеки
Ты есть, ты со мной, мой сынок,
Спрятаться б мне, закрыть веки,
И вернуться в наш хрупкий мирок...
(12.04.16)

Одна

Одна, закрыты глухо двери,
Жива, но будто бы мертва,
Нет сил дышать, нет силы верить,
Всё пепел, и пусты слова.
Нет смысла, "Нет" - ты стало главным,
Ну здравствуй, что ж, давай дружить,
Прости, что не готова, в планах
Я не ждала тебя, скажи,
Как мне принять тебя, иль может
Ты так...всего на пару дней?.
Тебя мне лучше не тревожить?
И я привыкну так быстрей.
Темно, и холодно, и страшно
В ловушке ледяного сна.
Никто не слышит стон протяжный,
Душа кричит: Одна, одна!!!
Наивность вырвана с корнями,
Нет ничего, есть бездна, тьма
Сырая, мерзкими клешнями
Хватает вечная зима.
Карабкаясь, сквозь грязь и слякоть,

То вверх, то вниз, устала ждать,
Смеяться, через миг заплакать,
Бояться страшное узнать.
Просвет чуть виден, очень слабый,
Надежды крохотный глоток.
Тебя спасла я от страданий,
Мой ангел в небе, мой сынок.
(17.09.16)

Ангел

Доброе утро, мой милый,
Как ты там, все хорошо?
Я помню, я не забыла,
И месяц второй уж пошел.
Дышит море, сливаясь с небом,
Бирюзой уходя в никуда.
Где ты сейчас, узнать мне бы,
Ты мой сон, надежда, мечта.
Возвратишься ли птицей парящей,
Иль чуть тронешь меня ветерком,
Грустью в сердце, болью щемящей,
Или песней, солнечным днем.
Дочь подойдет, обнимет,
Скажет мне пару слов,
Как волшебной палочкой снимет
Груз от мыслей - тяжелых оков.
Я могла бы с тобой смеяться,
Кормить тебя молоком,
Проснуться с тобой, прогуляться,

Пройтись по песку босиком.
Жаль, что не знаю, где ты,
Где душа твоя, мой малыш.
Облака сквозь закаты, рассветы
Плывут, и ты сладко спишь.
Звучит колыбельная жизни,
Качая тебя в небесах,
Тишина, что тогда повисла,
Не сотрется, но боль и страх
Когда то затихнут, я верю,
Что встретимся мы потом.
Пусть нескоро, откроются двери
Станет явью, что было сном. (05.16)

Больно

Как бы просто не сойти с ума,
Когда смотришь фильм, где ты в нём в главной роли?
Женщина убила их сама,
Чтоб как будто бы избавить их от боли.
Девочка рисунки принесла,
Камушками бережно накрыла,
Чтобы ветер не унес, зажгла
Памяти свечу
"Так нужно было" -
Отзовётся эхом там, внутри,
Тупо болью в сердце отдаётся...
Говорит она: "Забудь, сотри"
Но вопрос открытым остаётся.
Каждый раз, по новой, просыпаясь,

Вспоминаю, для чего живу,
Обнимаю дочь, жду мужа, улыбаюсь.
Этот фильм не сон, он наяву.
Кадр - небо синее и жизнь прекрасна,
Музыка, смех дочери, весна.
Кадр - все эти иллюзии напрасны
Снова бездна, чернота без дна...
У неё нет права просто сдаться
Ей нельзя никак, она должна!
Фильм всё также будет продолжаться
И цена расплатится сполна.
(19.05.17)

Братику и сыну

Кто же знал, что ты уйдешь за братом,
Не родившись, ангелом взлетишь
Вы теперь вдвоём, вы вместе, рядом
Знаю, что мы встретимся, малыш.
(05.11.17)

Сыну

Наш сынок, наш долгожданный мальчик,
Что бы ни случилось, мы с тобой
Боль и время ничего на значат,
Спи, родной, под радугой цветной
В память о сыночке, братике и внуке (19.03.17)

Иллюзия

Разбиты розовые стёкла,
Мир, где спокойно и тепло,
Иллюзия ушла, поблекло,
Сгорело к чёрту всё...
Назло
ты топчешься ослом упрямо
и всё не веришь до сих пор,
Себя жалеешь, жизни драма
Погрязла в иле лжи и ссор.
Лишь маленькое сердце бьётся,
500 грамм счастья спит внутри,
Когда захочется, проснётся,
Напомнит о себе: "Смотри!!!
Я тут!!! Ты чувствуешь, пинаюсь?
Тук, тук! Я здесь, расту, живу!!!
Меня не ждёшь ты? - Сомневаюсь,
Не плачь, прошу тебя, зову!
Ещё чуть-чуть ты слышишь, мама?
Ещё немного подожди!!!
Я дорасту до килограмма,
До двух иль трёх, и сквозь дожди
Взойду я радугой, я верю,
И ты поверь, прошу тебя,
Утихнет буря, боль потери,
Всё можно вынести, любя...(12.08.18)

14

НАТАЛЬЯ И СТАСИК

В 28 лет я держала в руках маленького Стасика, мое огромное счастье. У меня долго не было детей, около 6 лет лечилась, выкидыши и вот наконец-то такой любимый и долгожданный сыночек.

Но сначала хочу рассказать одну историю. Выкидыши были на сроке 8-10 недель и вот после 6 лет вторичного бесплодия я узнала, что беременна. На тот момент я не была крещенная. В 8 недель начинает подниматься температура, а все выкидыши начинались именно так. В тот день, когда это началось я молилась наверное впервые в жизни. Просила: "Господи, дай мне этого ребенка, я покрещусь и покрещу его, куплю ему Библию, буду водить в церковь и т.д." И к утру температура спала и через два дня я покрестилась.

Всю беременность я провела в больнице на сохранении и вот после кесарева сечения 19 мая 1994 года произошла самая большая радость в моей жизни. О том, что моего мальчика будут звать именно Стас, я знала, как ни странно это звучит, но класса с пятого.

В детстве Стасик сильно болел и часто, мы объездили полстраны по больницам, но я почему то была уверена, что все будет хорошо, что это пройдет, так и было.

Сразу скажу, что сына я покрестила, водила несколько раз в

церковь маленьким, но страхи со временем забылись и Стасик вырос атеистом, а я смотрела на это сквозь пальцы....

Когда сыну исполнилось 16, мы развелись с мужем, он иногда распускал руки, когда сынули не было дома, но как-то раз это произошло при нем, и Стас начал меня защищать, муж ударил его и это стало последней каплей, семейная жизнь закончилась. Не буду рассказывать, как сложно было выживать, но мой малыш закончил физико-математический лицей и поступил в университет.

И не смотря на то, что с бывшим мужем мы после развода долго жили в одной квартире, но сын всегда меня поддерживал и защищал. Потом заболела я и почти не ходила, и все заботы по дому легли на плечи моего мальчика. Он поступил в областной город Днепр и иногда звонил и спрашивал, есть у меня покушать и говорил, что может приехать привезти продуктов и приготовить. А я ним так гордилась. Умный, заботливый, добрый. И все равно была уверена, что мы и с этим справимся, так и случилось.

Стасик закончил университет, я выздоровела, мы начали строить планы, просто радовались жизни.... Я мечтала поехать во Львов и мой мальчик меня туда повез, когда начал работать.... Мы строили планы куда еще поедем...

Но потом Стасик поехал работать в Польшу. Каждый день звонил, писал.... Я взяла билеты и в апреле должна была ехать к нему, но карантин и поезда перестали ходить... Я сильно расстроилась, но сынуля успокаивал, что приеду позже, и что он мне все покажет. Из за сложностей мы мало где были и Стасик говорил, что теперь все наверстаем и его слова: "Мама, у тебя есть я, ни о чем не думай, это моя забота куда тебя везти, что показать и где поселить."

И я гордилась своим мальчиком, так гордилась... Слова "не думай о проблемах, я все решу" наверное мечтает услышать каждая женщина. Я услышала их от сына, и это ли не повод для гордости?

Но ...9 июня мой мальчик, как обычно пошел на работу, к

сожалению он сменил работу в Польше, я была против, но ему было почти 26 лет, и я думала, что не должна навязывать ему свое мнение ....

О своем мальчике я могу писать долго, он действительно был замечательный, с богатым внутренним миром, он закончил художественную школу, больше 10 лет занимался бальными танцами, потом паркур.... И это кроме учебы в физико-математическом лицее... мне сейчас сложно писать... 9 июня он ушел.....

Это случилось на работе. Удар током. И, несмотря на то, что у нас есть экспертиза о неисправной бетономешалке, прокуратура города Вроцлава закрыла дело, хотя и подали на обжалование, но надежды на справедливость мало, в этом мире нет справедливости видимо совсем.... Ведь он только начал жить, не выживать, как мы это делали, а жить и строить планы, мечтать о поездках, трудности почти остались позади...

Ад на земле - это потеря ребенка, единственного сына, хорошего человека. Для любой матери - это, в принципе, конец жизни. Я осталась одна. Нет, у меня есть старенькая мама и родной брат с семьей, но я настолько отгородилась от всех, что одна.

Сначала я часто ходила в церковь, ездила в монастырь, сейчас намного меньше, не знаю даже почему... Не буду описывать свои чувства, кроме того, что каждый вечер я надеюсь, что больше не проснусь утром... Но просыпаюсь, иду на работу, где меня все обходят, как заразную, видимо боятся заразиться горем...

Немного помогла группа в ватсапе таких же мам ангелов, просто это те, кто не будет крутить пальцем у виска, когда я говорю о знаках от сынули, кто делится, и немного может поддержать....

Если говорить о стадиях, то у меня все одновременно, кроме принятия, я стала еще злее, обхожу людей, мне сложно там, где их много, еще сложнее видеть молодых парней... Но всегда любила собак. Перед самым карантином я взяла собаку из приюта, часто показывала его фотки Стасику, рассказывала о его проделках и мы вместе смеялись....

Однажды я сказала: "Когда ты приедешь, я его уже воспитаю и пес будет много знать и уметь." На что Стас ответил: " А что, я приеду?". Я аж дернулась, но он объяснил, что хочет остаться в Европе, не обязательно в Польше, может Германия или Чехия. Тогда я сказала, что об этом мы поговорим, когда я к нему приеду, не по телефону, но я не возражаю, лишь бы ему было хорошо. Он смеялся, что обязательно меня заберет...

Сейчас этот пес меня спасает, мы с ним очень долго гуляем по вечерам, далеко и до моего изнеможения, в лесу, где нет людей. Он же слушает мои рассказы, маму я стараюсь не сильно тревожить своими слезами и воем, ей все таки 80 лет и она и сама каждый день плачет, это ее надо поддерживать, так что остается только собака. Я когда-то так много занималась сыном, возила на тренировки, в художку, уроки, что не заметила, как растеряла друзей, отошла от них, все время была занята, но меня это не беспокоило сильно, у меня же был Стасик.

Ад - каждый день, каждую минуту. Все, все напоминает о моем мальчике, постоянно думаю: "Ой, холодно, а что Стасик одел, ой, это надо ему рассказать, ой, а это Стасику надо купить."Потом вспоминаю... Ад...

Прошу моего мальчика: "Приснись мне". Он иногда снится, но так редко. Ищу везде доказательства, что там мы встретимся, что ему на небесах хорошо, что он там и ему хорошо. Читаю книги на эту тему. То - верю, то - иногда закрадываются сомнения, но их прогоняю, иначе сойду с ума, в прямом смысле этого слова или что то сделаю. Часто стою на балконе, курю и смотрю вниз: раз и все, все муки позади. Останавливает мама, она не должна проходить то, что сейчас прохожу я, и еще страх, что самоубийцы могут не встретить родных там, наверху.

Сейчас я решила усыновить ребенка, или взять под опеку. Собрала документы, и тут но.... Квартирный вопрос не решен до конца, тогда это было не нужно, Стасика я приписала к маме и у него была бы своя квартира. А здесь нужно согласие от бывшего мужа или выкупить его комнату. Он сильно поднял цену, видя, что мне это очень надо и не хватает у меня 5 тысяч долларов. Я то их найду, продам мамину квартиру, но это долго, а мне уже в этом году будет 55....

Для меня в вопросе усыновления каждый год на вес золота... Оказалось, что цена моей жизни 5 тысяч.... Пока собирала документы, бегала по опекунским советам я вроде немного жила, как-то... Сейчас мне документы вернули до решения проблемы, которая быстро не решится и все снова рухнуло.... Снова мечтаю не проснуться...

Мой родной, замечательный мальчик.... Боль, много много боли ... И чем больше проходит времени, тем больше скучаю и тем больше погружаюсь в ад.....

15

ДАША И НИНА

Расскажите коротко про себя

На момент потери мне было 29 лет, я замужем, преподаватель и переводчик немецкого языка, г. Москва, на тот момент старшим детям (сыновья) было 7 и 4.

Расскажите про вашу потерю ребенка

Полуторогодовалая, совершенно здоровая, желанная, любимая дочь Нина забралась на подоконник, открыла окно и выпала с 4 этажа, пока я перекладывала покупки в холодильник на кухне из сумки. Мгновенная смерть.

Какое у все вероисповедание и помогает ли оно проживать потерю?

Православие. Очень помогало, и помогает до сих пор. Не представляю, как бы справилась без него.

Отношение семьи и окружающих к горю

Отношение семьи и окружающих было очень разное. Очень от некоторых неожиданное, как в плохом, так и в хорошем смысле. Кто-то дал поддержку, кто то отморозился, подчеркивал мою вину, устраивал скандалы с упреками. С кем-то укрепились отношения, с кем-то неожиданно рассыпались. Кто-то из друзей исчез и до сих пор не вернулся.

Отношение между супругами

С мужем поначалу было очень тепло и была максимальная взаимоподдержка, в острый период, пару месяцев после смерти. А потом повылезали разные сложные моменты, непроплаканное, непережитое... Я ходила год на психотерапию, муж не ходил.

Сейчас мы вместе, бывают и хорошие периоды, и не очень. С детьми было довольно просто. Мы рассказали им правду, старший был на похоронах. Жалею, что не взяла младшего. Они довольно долго проживали горе, у нас нет табу на разговор о смерти в общем, и о Нине в частности.

Младшего я тоже год водила на песочную терапию, т.к. он оказался в комнате на момент смерти и был слишком мал, 4 года, чтобы пережить все в словах. Со старшим, ему было 7, хватало доверия и открытых разговоров с ответами на все вопросы.

Какие у вас произошли изменения после смерти ребенка?

Изменения: вышла на работу после затяжного декрета, но через год ушла, поняв, что слишком рано, что не отгоревала ещё на тот момент, а просто заткнула дыру работой. Лучше бы тот год провела в работе с горем. Новых детей сразу не заводили, хотя хотелось. Но мне попалась книга "замещающий ребенок", и я благодаря ей отложила рождение следующего. Завели кошку в компанию к первому коту.

Что вам помогает продолжать жить?

Силы беру в детях, в семье, в религии. В собственном оптимизме - я очень жизнерадостный человек. В общении с друзьями, в творчестве. Несмотря на потерю Нины, жизнь - все равно самое лучшее, что есть.

Чувствуете ли вы перемены в себе - трансформацию?

Да. Я стала ещё глубже внутренне, сильнее в вере, ещё чутче к окружающему миру и людям. Я научилась ещё сильнее ценить то, что имею и радоваться каждому дню, неприятности и проблемы теперь, по большей части, кажутся ерундой.

Происходили ли события, которые сложно объяснить с помощью обычной физики?

Бывает, но я не концентрируюсь на них, т.к. православие не подразумевает мистики. Но точно бывали случаи.

Напишите, как у вас проходили/проходят пять стадий горя

Отрицание

Первые полчаса, пока скорая пыталась реанимировать Нину. Дальше ступор на несколько месяцев... Сложно сказать, был ли ступор частью отрицания, или нет.

Злость

Была, несколько раз я ловила себя на этом. Срывалась на подругах, которые делали вид, что ничего не произошло. Это делание вида, что все в порядке и неупоминание о моей трагедии травмировало меня сильнее всего.

Торг

Не припомню. У меня многое в тот период стёрлось из памяти, видимо, торг как раз стерся, если был.

Депрессия

Был эпизод, я две недели не могла встать с кровати. Просто просыпалась и лежала, пока не наступало время забирать детей из сада-школы. Была у психиатра. Антидепрессанты не прописали, на депрессию не набралось. Потом прошло. Но я вообще не склонна к депрессиям.

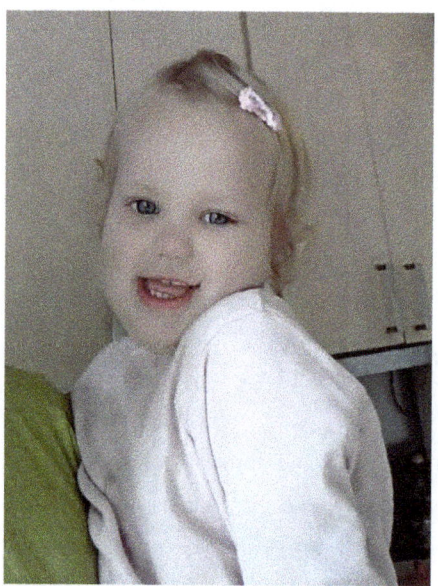

Принятие

Конечно, оно пришло. Вот сейчас уже 2,5 года прошло со дня Нининой смерти, год назад, наверное, я уже все приняла.

А это моя любимая Ниночка.

16

ВЕРА И ВИКТОРИЯ

2013

Расскажите коротко про себя

На момент потери было 34. Я - замужем. В Канаде работала в Центре природы, потом руководила волонтерскими программами. Сейчас живу в Оттаве. Есть трое детей. Потеряла двух детей, в 34 и в 38.

Расскажите про вашу потерю ребенка

Первая потеря произошла на 9 неделе. Самый старший ребенок. Мы так с мужем ждали, мы тогда еще не женаты были. Ночью проснулась от резкой боли, смотрю, на кровати - кровь, я сразу все поняла. Но мы все равно пошли в скорую - у нас через дорогу приемный пункт был. Там нас долго держали, несколько часов. В Канаде надо ждать, если не срочно и нет угрозы жизни. У меня все эти несколько часов теплилась надежда, может это какая-то ошибка. Ждали до 6 утра, пока узи не откроется, узи подтвердило потерю.

Какое у все вероисповедание и помогает ли оно проживать потерю?

Мне хотелось что-то сделать, что бы как-то отметить этого малыша, дать ему место в семье.

Мне посоветовали сделать такую практику: какую-то еду, рис или яблоко предложить Богу (прочитать любую молитву в своей традиции или своими словами), а потом предложить душе ребенка. После этого эту пищу надо отдать животным - воронам, чайкам, в общем не выбрасывать. Я сделала так с яблоком, увезла в лес - там много ворон обычно, положила под дерево.

Я тогда работала организатором мероприятий по озеленению города, руководила субботниками по посадке деревьев. Так на каждом субботнике после этого я садила куст или деревце для ребенка. Садила и садила. Каждый раз. Пока не успокоилась. И дома посадила кустик в горшок, мы жили в квартире, поэтому в горшок посадила.

Отношение семьи и окружающих к горю

Самое тяжелое в этом было - сказать родным о потере. Мы до этого уже рассказали родителям мужа и моим родителям после первого узи, что ждем ребенка. Когда пришлось звонить и говорить о потере - это было очень трудно. Мама советовала забыть и не зацикливаться. Мол, не судьба, значит так надо было. У мамы было несколько выкидышей, один ребенок умер в родах, аборты тоже были. Никто не хотел слушать о потере, если кто видел меня с грустным лицом, старались отвлечь, развлечь как-то.

Я продолжала ходить на работу. Там никто не знал, что я была беременна, я не говорила.

Коллега по работе, канадка, в обеденный перерыв спросила, почему я такая бледная - я рассказала о выкидыше, глотая слезы. Она обняла меня и сказала: "У меня тоже был выкидыш, между первым и вторым ребенком" и добавила, мол, что поделаешь, это жизнь и пожала плечами.

Мне хотелось как-то обозначить тот факт, что этот ребенок был, хоть и умер очень маленьким. Хотелось кричать везде: "У меня был ребенок, понимаете!!!! Был!!! А потом почему-то умер!!! Я не справилась, не выносила, не доносила, не родила, не сделала что-то, что надо было сделать".

Семейный доктор был очень деловит по этому поводу. В Канаде до 13 недель беременность не сохраняют (только если есть несколько выкидышей подряд, то тогда направляют на наблюдение специалиста, а так, если первая беременность, то это считается естественный процесс). Доктор посоветовал не расстраиваться сильно, продолжать пить витамины для беременных и через три месяца попробовать еще. В его устах это звучало как попытка, просто неудачная попытка, - ну не получилось, что поделаешь. У меня внутри все закипало: "Это же живой человечек, он был, хоть и крошечный, был, вы слышите меня?!"

Отношение между супругами, с детьми, которые были в семье на момент потери

На момент потери детей у нас не было. Муж очень поддерживал меня. Он сам сильно переживал потерю. Часто заставала его в слезах. Он был в шоке, что когда рассказывал своим друзьям о потере, многие признавались, мол, да, у нас тоже так было. Говорил мне: "Я не знал, что так бывает, это какой-то секретный клуб родителей, у которых был выкидыш".

Какие у вас произошли изменения после смерти ребенка?

Мы поженились. Той же осенью поженились и потом я снова забеременела. У нас родилась дочка, позже - еще одна. Мы сильно сблизились после потери. Поддерживали друг друга как могли. Он - меня, а я - его, когда его накрывало.

Что вам помогает продолжать жить? Где берете силы?

Осознание того, что я мама этого малыша. Сначала у меня было такое отторжение, я даже порвала и выбросила все снимки узи, которые у меня были и удалила фотки себя, которые у меня были - хотела сделать понедельные фотографии, как животик растет. Все удалила. Потом жалела. Я бы посоветовала всем мамам, у кого потеря, не выбрасывать памятные вещи, фото ребенка или себя, лучше отложить или отдать кому-то на время, если совсем сил нет на них смотреть. Пройдет время, может быть очень много времени и вдруг захочется на них посмотреть.

Чувствуете ли вы перемены в себе- трансформацию?

Да, чувствовалось, что все изменилось. Я стала мамой. Да, я не родила этого ребенка, не выкормила грудью. Но он был. Я чувствовала, что я не такая как прежде. Жизнь делится до и после потери. Это сто процентов.

Что хотите добавить?

Мне кажется важно перечислять все потери. Вот и в этот раз хотела сначала написать про потерю дочери, но потом решила, что сначала надо про этого малыша написать. И пусть я не знаю пол. Я знаю, что этот ребеночек жил, он и есть мой самый старший ребенок, мой первенец. Я чувствую, что когда есть в семье место у человека, то нет пустых дыр в истории. И дочкам своим я потом расскажу, когда подрастут.

Мама мне тоже рассказала про мальчика, который умер в родах, моего старшего брата. Я помню, как в тот момент у меня поменялось ощущение себя и своего места в семье. Как будто я сдвинулась по иерархии семьи. Ведь я не первая. Первым был тот мальчик, он умер.

Или вот для консультации с генетиками делали схему семьи, нас просили записать всех детей. Всех. Знаете, это было очень важно для меня. Я и маму когда свою спрашивала и заносила их всех на схему, всех детей, кто был забыт, приходило какое-то чувство спокойствия.

Происходили ли события, которые сложно объяснить с помощью обычной физики?

Один раз когда деревце садила для малыша, только посадила,п и прилетела птичка и села на веточку, да запела, заливисто так. У меня прямо слезы из глаз хлынули. Причем я прямо там стояла. Так и поняла, что это от ребеночка привет такой.

2019 ВИКТОРИЯ

Расскажите коротко про себя

Мне сейчас 41. На момент потери было 38 лет. Есть трое детей. На момент потери было две старшие дочки, им тогда было 1,5 и 3,5.

Расскажите про вашу потерю ребенка

Я забеременела неожиданно. Вообще мы хотели третьего ребенка.

Нам доктор сказал, что обычно после 36 нужно время, чтобы забеременеть. Но беременность в нашем случае наступила быстро. Все было хорошо, я очень радовалась, гордилась даже, что так быстро все получилось. Все таки были опасения, мне было 38 лет.

Моя мама родила последнего ребенка в 38, ей очень тяжело далась беременность, токсикоз, почти всю беременность была на сохранении. У меня беременность протекала очень легко. Все было замечательно. У меня рано стало видно животик, и я всем гордо говорила, да, ждем третьего. Прямо такое желание было заявить, что этот ребенок тут, живой. Вот он, видите, у меня в животе!

Уже подходил срок узи, в этот раз я хотела узнать пол. До этого мы два раза делали узи в клиниках нашего муниципалитета, а поскольку у нас очень много выходцев из Азии, там пол не говорят. В этот раз нас направили в другую клинику.

За две недели перед этим у нас начался тяжелый период в отношениях. Меня все раздражало, хотелось понимания от мужа, я выгорела. Муж был все время на работе, я дома с двумя детьми, с животом, уставала сильно, срывалась, кричала на детей. Старшая проходила какую-то стадию, по потолку бегала, постоянно истерики. Для младшей пришлось свернуть грудное вскармливание, потому что грудь по беременности сильно болела, тянуло живот, я не хотела осложнений, поэтому у младшенькой тоже была фаза тяжелая.

А потом мы пошли на узи. Я еще технику говорю, мол, только скажите пол, и фотографии тоже хочу, и видео, если можно. А она быстро что-то посмотрела и говорит: "Я сейчас, минутку" и вышла. Пришла какая-то другая женщина, доктор, надела перчатки, тоже узи проверила. Подала мне полотенце. Говорит, мол, сядьте, пожалуйста.

У меня все затряслось. Я вытирала гель с живота трясущимися руками и думала: "Господи, только бы с ребеночком все было хорошо.... Неужели она там какую-то аномалию увидела? "

- Сердцебиения нет.

У меня было такое чувство, что мир обрушился. Я падаю. Падаю. Падаю. Куда-то в огромную черную дыру и нет у нее дна. Я не помню как оказалась на полу, я стояла на коленях и рыдала. Муж стоял рядом со мной на коленях и тоже рыдал, обнимая меня.

А вы точно проверили? Проверьте еще раз! Я не верю! Это какая-то ошибка! Я бы что-то почувствовала. Как уже давно? Уже пару недель? Это невозможно! Я бы точно что-то поняла! Нееееет!

Женщина вышла, оставив нас с мужем рыдать на полу. Он просил у меня прощения, а я - у него. У меня было такое чувство - предательства. Мое тело меня предало. У меня не было никаких симптомов, абсолютно никаких. Ни кровотечений, ни схваток, ничего. Прекрасный сон, прекрасный аппетит, все как обычно.

Теперь-то я понимаю, что все эти конфликты, истерики, ругань в семье в то время, - это было как фонарь - смотри, с тобой что-то не так, что-то случилось, а ты не видишь, смотри туда. А я не смотрела, уперлась в себя, в свои проблемы, даже не поняла, что произошло.

Сразу же возник вопрос, что делать-то теперь? Мы вышли из кабинета, старались держать лицо, в коридоре ждали дети. Жена отца, Алла приехала с нами в тот день, чтобы посидеть с детьми в зале ожидания, пока мы пойдем на узи. Я очень благодарна ей, что она была с нами в тот момент.

В приемной увидели девочку - техника-узиста, она прятала глаза, по стеночке, стараясь не встречаться взглядом, прошла мимо нас обратно в кабинет. Поговорили с врачом. Мол, будут делать аборт. Сейчас пишу и тошнота подкатывает, как вспомню все это. Я не могу описать словами этот ужас. То есть я две недели носила в себе труп моего ребенка, и мое тело продолжало что-то там делать, думая, что ребенок живой?

Приехали домой. Я позвонила своей акушерке, которая наблюдала мою беременность. Они уже получили всю информацию из клиники. "Мест в нашем госпитале нет на сегодня. Сейчас постараемся найти для тебя место в другом госпитале."

Я готовлю есть, готовлю одежду для детей. Уже вечер, пора купаться, укладывать их спать. Прячусь на кухне, чтобы поплакать. Звонит акушерка, мол, нашли место на сегодня, приезжай, у меня сейчас как раз дежурство, я буду с тобой.

В госпитале меня отвели в другое крыло родильного отделения. На двери мой палаты уже была прикреплена бумажная картинка - сиреневая бабочка. В этом госпитале так обозначают палаты мам, которые должны родить уснувших малышей. В этом крыле тихо. Нет суматохи. Не раздастся крик малыша. Не поспешат по коридору шаги гостей, оставляя шлейф шуршащих шариков и запах цветочных букетов. Только тишина, мерное гудение ламп и пиканье мониторов.

В палате ко мне приходит моя акушерка и дежурный врач - гинеколог.

- Тебе повезло, объясняют санитарки. Эта врач - очень хорошая женщина, она даже ведет специальную клинику для мам, которые забеременели после потери.

Мне объясняют процедуру. Обычно на ранних сроках в таких случаях делают аборт. Но поскольку у меня 19 недель, они разрешили мне рожать. Роды будут вызывать специальной таблеткой.

"Это как нормальные роды, может быть больнее," - объясняет акушерка. "Конечно, для тебя доступны все возможные способы обезболивания: укол, веселящий газ, эпидурал, только скажи." Я отказываюсь. Первых двух детей рожала сама без анестезии и тут справлюсь.

"А вы точно уверены, что нет сердцебиения? Может это ошибка? Проверьте еще раз!"

"Да, мы можем еще раз принести портативную машину узи, чтобы показать тебе, что сердцебиения нет."

"Но почему у меня в животе как будто двигается?"

"Это ты двигаешься, ребенок перемещается тоже."

"Принести машину?"

".....Не надо.... скажите, что надо делать."

Первая доза таблеток. Проходит положенное время, ничего не происходит. Схваток нет. Приходит медсестра. Дает вторую дозу таблеток.

"Позови, если что-то будет нужно. Я скоро приду." Начинаются схватки. Я хожу, плачу и читаю молитву.

Приходит медбрат. Спрашивает, нужно ли что. Сбивчиво приносит свои извинения. "У меня своих нет детей, я даже не могу представить ваши чувства, просто знайте, что я помогу, если что-то понадобится."

Это успокаивает.

Проходит несколько часов. Схватки сильные. Но я тут. Я их проживаю. Каждую. С рыданиями. Но не от боли, а от того, что вот у меня такие прекрасные идеальные роды. Я тут, одна, в моменте, я проживаю свои роды, без вмешательства, я и ребенок, а ребенок-то у меня умер.

Чувствую, что уже пора, вызываю звоночком акушерку. Вот и родился ребеночек.

Мне предлагают посмотреть. Я соглашаюсь. Акушерка забирает его в ванную, которая в палате, чтобы омыть, потом выносит в ладонях маленькое тело. Смотрю, и осознаю, что это просто тело. Скафандр.

В этот момент я чувствую, что там, в этом теле, нет моего ребенка. А ребеночек уже далеко. Девочка. Наша маленькая доченька. Я боялась увидеть какое-то генетическое уродство, бесформенное лицо, что-то такое ужасное, почему-то же произошла остановка беременности. А увидела малыша, длинные ножки, глазки, крохотные ушки.

Я подписываю бумаги для генетического исследования тела. Это всего лишь оболочка. Я знаю, что дочки там, в теле, уже давно нет. Может это исследование поможет какой-то маме в будущем избежать потери. Потом принимаю душ, переодеваюсь, пора домой. Отправляю смску мужу. Все закончилось. Я скоро буду дома.

Какое у все вероисповедание и помогает ли оно проживать потерю?

Я отношу себя к нескольким вероисповеданиям. Для меня Бог один, просто зовут Его по-разному, почитают его по-разному в разных религиях. Не могу описать как, но там в той маленькой больничной палате, нас было трое: я, ребенок - где-то рядом выше надо мной и Господь. Я чувствовала его присутствие.

Я ставила свечи за упокой в церкви. А еще участвовала в огненной церемонии почитания умерших - ягье в вайшнавском храме. Там же я решила дать дочке имя, Виктория. И пусть нет у нас никаких документов, записано где-то в моем медицинском файле, что я родила мертворожденную девочку, но в сердце я знаю, что это - Виктория. Сильная девочка.

Отношение семьи и окружающих к горю

Это было такое горе для всей семьи. Мама моя сокрушалась и даже корила меня, что мы решили завести ребенка, мол, возраст уже, тридцать восемь тебе, вот что бывает. Я знаю, что ей было невыносимо видеть мою боль.

Помню, через две недели после родов пришла обратно в

родильное отделение на осмотр. Дежурная медсестра не прочитав до конца мой медицинский файл, начала спрашивать, какой у меня срок, сколько недель. Я сказала, что ребенка уже нет. Сказала спокойно, но внутри как будто все оборвалось. Она обняла меня, мол, прости, я не посмотрела твой файл.

Было тяжело говорить друзьям. Муж, спасибо ему, просто опубликовал на своей странице фото узи и прощальное письмо нашей девочке. Так было проще. Никто уже не звонил и не спрашивал, как там беременность. Не надо было по много раз повторять, что беременности уже нет. Ребенок умер.

Вокруг нас образовался вакуум. Мы были как какая-то семья на карантине, как прокаженные. Никто не звонил, кроме родных, не разговаривал. Люди старались просто не говорить об этом. Я вступила по приглашению Татьяны в группу Сердце Открыто. Это сильно помогло. Я сама не хотела общаться с другими людьми. Мне казалось, что сейчас меня смогут понять только мамы, которые сами пережили потерю. Другие - не поймут.

Очень помогла Таня Гендальф в тот момент. Она просто писала каждый день: "Как ты сегодня?" Иногда я отвечала, иногда нет. Но вот это понимание, что кто-то сопереживает вместе с тобой, это очень сильно поддерживало.

Отношение между супругами, с детьми, которые были в семье на момент потери

Мы сильно сблизились. Муж старался поддерживать меня во всем. Много плакал, иногда вместе со мной, иногда я видела, как он уходил в другую комнату, чтобы не пугать дочек рыданиями.

Я первые дни после родов просто лежала, плакала, читала книжки с детьми. Они валялись вместе со мной на кровати, с книжками, с игрушками. Я объяснила простыми словами, почему я плачу. Мы им уже сказали до этого, что у них будет братик или сестренка. Младшенькая, конечно, совсем маленькая была. А вот старшенькая что-то поняла, приходила, гладила меня по голове и объясняла сестре, что мама плачет, потому что она очень скучает по малышу, который был у нее в животике.

Какие у вас произошли изменения после смерти ребенка?

Мы переехали в другой город. Муж был инициатором. Мне кажется, ему было невыносимо находиться в той квартире. Мы даже думать не могли, что у нас будут еще дети - раздали все детское, что у нас было приготовлено для малышки. Но через два года после потери у нас родилась еще одна дочка. Наша радужная девочка.

Та потеря сильно повлияла на моего мужа. Когда кто-то спрашивает, сколько у нас детей, он всегда говорит, что четверо, только одна дочка умерла. Мне кажется, ему это важно, донести до людей тот факт, что у нас есть еще дети, просто они не с нами. Он всегда хотел четверых детей. Я тоже. Сейчас мне 41 и мы решили, что больше не будем заводить детей. В последнюю беременность ставили угрозу генетических отклонений, но родилась здоровая девочка вопреки всем мрачным прогнозам врачей.

Что вам помогает продолжать жить?

Несмотря на всю боль, я черпаю силы в этом опыте, потому что это - самое страшное, что может произойти с матерью - потеря ребенка. Если я это пережила, то все остальные трудности, они как-то бледнеют по сравнению с этим ужасом и болью. Даже какие-то глобальные события, коронавирус, пандемия - не воспринимаются так остро.

Я осознала смерть как часть жизни, как процесс перехода из одного мира в другой. Я почувствовала, что все эти люди, которые умерли, они не исчезают, их существование продолжается. Мне не известно, где это происходит, но это как какой-то другой мир, который тут рядом с нашим миром. Как за пеленой реальности.

Чувствуете ли вы перемены в себе - трансформацию?

Я стала более открытой. Раньше, если я узнавала о потере близкого в семье у друзей или знакомых, я просто не знала, что говорить. Я боялась как-то обидеть ненароком, сказать что-то не то. Казалось, лучше вообще ничего не говорить, может со временем забудется и не заводить эту тему, если встретишь человека.

Теперь, когда у меня есть такой опыт, я не ухожу из разговора. Мне не страшно погрузиться опять в эту боль, присесть рядом и пережить с человеком его горе, сопереживать, сочувствовать - вместе чувствовать это горе. Потому что я знаю, как оно чувствуется. Пришло какое-то осознание, что процесс беременности и родов даже в наше время, в век компьютерных технологий, идет все таким же необъяснимым образом, который прописан в судьбе человека. Генетическое обследование тела нашей девочки показало, что она была абсолютно здорова, не было никаких генетических отклонений. Такие потери врачи не могут объяснить. Ребенок был здоров, я была здорова, беременность протекала нормально. Мне не найти ответа на вопрос, почему так случилось, почему она умерла.

Происходили ли события, которые сложно объяснить с помощью обычной физики?

В 2020 году из жизни после стремительной болезни ушла моя младшая сестра. За несколько дней до ее ухода я почувствовала изменение. Я поняла, что ей скоро пора уходить. Я почувствовала, что все поле нашей семьи зашевелилось. Как большой котел, в котором что-то помешали, и все так забулькало, взбудоражилось... Все родственники, даже самые дальние, с которыми уже как-то ослабла связь, потянулись, чтобы как-то соединиться, сами стали выходить на контакт, словно пытались натянуть нити связей, они словно прощались с ней.

Все родственники "с той стороны" тоже стали собираться. Как будто была какая-то невидимая черта, граница, как за гранью зеркала и они стали собираться туда, в ожидании, когда моя сестра присоединиться к ним. Они ждали "там" чтобы встретить ее на "той стороне". Я почувствовала, что мои ушедшие дети тоже там были.

В заключение хочу сказать, что горевание - это выбор, выбор прожить потерю, прожить горе, выбор жить дальше. В самом процессе горевания есть ресурс, если, погружаясь в пучину горя, оттолкнуться и идти вверх, к свету, продолжать жить, продолжать нести свет и любовь в этот мир.

Вот такой маленький снимок с надписью "бэби" - наша Виктория.

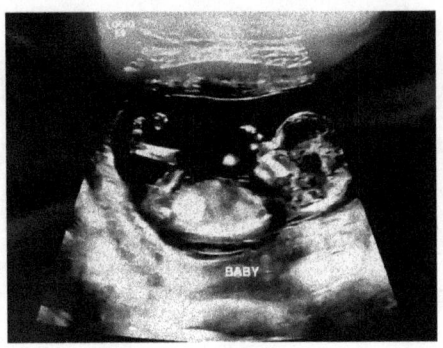

Люблю до Луны и обратно,
  Дочери Виктории и всем детям ангелам посвящается, Вера

17

СВЕТЛАНА И МАРЬЯНА

Расскажите коротко про себя

Я Светлана. Живу в Казахстане, г. Алматы. На момент рождения Марьяны мне был 21 год. На тот момент замужем не была. До ухода в декрет работала в диспетчерской службе аэропорта. После рождения какое то время не работала, потом устроилась в компанию по продаже автомобилей администратором. Уже вышла замуж и через год родилась вторая дочь. Сейчас младшей почти 13, Машеньке в этом году исполнилось бы 17 лет.

Расскажите про вашу потерю ребенка

Все произошло внезапно. Вроде здоровый ребенок, все хорошо. Но в одно утро, это была суббота, она встала, попила чай и потом со вскриком упала. Скорая, больница. Разрыв аневризмы или мальформация, обширный инсульт с образованием и прорывом гематомы, полная томпонада желудочков, отек мозга.

Мою девочку продержали 4 часа, пока решали, что делать. Потом сделали операцию, уже не имеющую смысла. Потом была ещё операция по трахеотомии, потом трепанация черепа.... 23 полных дня комы. С каждым днем она уходила все дальше. Последнюю неделю она была в запредельной коме. На 24 день она умерла. С первого дня, сразу, я поняла, что шансов нет.

Какое у все вероисповедание и помогает ли оно проживать потерю?

Я не верю в бога. Ненавижу религию. Но при этом верю в параллельные миры, в какие-то высшие силы также и темные силы тоже. Я верю, что моя девочка попала в лучший из миров, что ей там очень очень хорошо. Она там, где свет. И это придает мне сил. Я очень надеюсь, что мы встретимся там.

Отношение семьи и окружающих к горю?

Отношение мужа понятно - горе. В реанимации, пока я стойко держалась, он много раз просто выбегал и рыдал. Он рыдал как ребенок над гробом. Дочь, аутист, совсем замкнулась в себе и только через какое то время мне удалось растопить этот лёд. Сейчас она может спокойно сказать что то про Машу, например, что Маша ей приснилась.

Моя мать обвинила меня во всем, было много моментов, но в итоге она просто проклинала меня каждый день, говорила, что лучше бы я сдохла. Несколько месяцев она закидывала меня какими то дикими сообщениями, в итоге я её заблокировала везде и на этом отношения пришли к финалу. Мой отец молчаливо созерцал все это...

Сестра пыталась поддержать меня. Друзья в течение небольшого времени просто рассосались в пространстве...

Отношение между супругами, с детьми, которые были в семье на момент потери

В первые три месяца я была в каком то безвременье. Просто тонула в море боли. Каждый день я рыдала, выла как волк. Муж поддерживал, пытался поддерживать. Но мы очень сильно ругались больше полугода. Вплоть до развода.

С дочерью, мне очень стыдно, но я даже не помню как было. Мы общались, делали что то вместе, но это стёрлось из памяти по большей части.

Какие у вас произошли изменения после смерти ребенка

Изменения... Мы по прежнему живём своей маленькой семьёй - я, муж, Данера. Мы не переезжали, хотя была мысль, но Даша принципиально отказалась. Она даже не позволяет трогать что-либо в детской комнате, что-либо менять. Сейчас, из за моей болезни мы стали более сплочененными, более нежными и терпеливыми друг к другу. В этом году завели двух кроликов. Два маленьких антидепрессанта. Долгосрочные перспективы мы больше не строим вообще. Как можно это делать после потери ребенка.

Что вам помогает продолжать жить? Где берете силы?

Сил нет, если честно, какое-то перекатывания изо дня в день. Помогает жить моя Даша, мое маленькое счастье, моя огромная любовь к ней. А ещё Вера и Надежда, что что смерть Маши это очень болезненное, но всего лишь расставания. Придет время и мы встретимся.

Чувствуете ли вы перемены в себе - трансформацию?

Сложно сказать. Я поняла какая я слабая на самом деле. Я стала аутистом. Очень замкнутой в себе. И меня это устраивает.

Как сказал мой бывший друг при нашей последней встрече: "Ты всегда была примером". Примером силы, храбрости, выносливости. Даже когда было очень плохо и трудно, ты улыбалась и перла вперёд как паровоз. Ты была открытой и весёлой, песни танцы, смех до колик. Ничего этого не осталось. Ты другой человек, с которым очень трудно общаться и общаться не хочется.

Вот такие трансформации.

Если бы не младшая дочь, я покончила бы с собой. Боль от потери ни с чем не сравнима. Атомный взрыв внутри. Ты засыпаешь и просыпаешься с ощущением, что все твои внутренности, все тело разлетается на куски. Но это знает каждая мать, потерявшая ребенка.

Психиатр мне помог только кучей таблеток. Я до сих пор на двух сильных антидепрессантах.

Месяца через два после я нашла спасение (хоть какое-то) в сэлфхарме. Когда я понимала, что всё, я почти за гранью, я шла и резала себе ноги. Все ноги равномерно в шрамах как память.

Потом моя болезнь, которая была и до, манифестировала с полной силой. Сейчас я стою на мосту, где с одной стороны моя живая дочь, с другой ушедшая. Я борюсь за жизнь, чтоб как можно дольше быть с Дашей. Но мне придает спокойствие мысль, что ждать встречи с Машей придется не так уж и долго. Дикая физическая боль как-то усмиряет боль душевную. Вот такое вот безумное равновесие.

Манечка была моей надеждой и опорой. Я могла поговорить с ней обо всем. Я так хотела внуков. Ведь младшая доченька инвалид. Уход Мани был последним разрушенным песочным замком. Это сломало меня. Я поняла, что нет больше мечтаний, нет надежды. Есть понимание, что всё, всё что угодно кончится в любую минуту.

Что я могу сказать о смерти дочери в нескольких словах. НЕОБРАТИМОСТЬ. ЗАПРЕДЕЛЬНО БОЛЬНО.

Происходили ли события, которые сложно объяснить с помощью обычной физики

У доченьки был список картин, которые она обязательно хотела нарисовать. Некоторые пункты из тридцати она выполнила. Был пункт "нарисовать свое будущее". Я думаю, эти картины можно считать выполненными очередными пунктом. В них все. Дата начала конца, дата смерти. На обеих. Шов на голове. Что-то похожее на трахеостому и петехиальную сыпь. И кровавые слезы ее последней недели....

На руке "weak" - слабый...Это просто действительно очень страшно... Маленькая моя... ты как будто знала...

Ещё... Порой я ощущаю ее присутствие. Иногда вплоть до физического - объятья, прикосновения. Это происходит не часто, но все же...

18

ЕЛЕНА И ВАНЯ

Расскажите коротко про себя

Меня зовут Елена, живу в Москве, родила сына в 32 года. О детях в тот момент не думала, мой роман совсем не грозил перерасти в замужество, я предохранялась. Более того, врач говорил, что забеременеть мне будет очень сложно из-за строения матки. И вот на фоне всех этих "нет" положительный тест, и я, не раздумывая говорю "да": я буду рожать, даже если останусь одна, несмотря на предостережение матери - "Ты слабая, ты не сможешь!"

Я смогла.

И смогла еще много лет растить ребенка, ухаживать за больной мамой, зарабатывать на всю семью - отец Вани остался рядом, но - на диване.

Мне повезло, что я редактор и журналист. Спасибо родному издательству. Декретного отпуска у меня не было, но всегда был гибкий график работы. Можно было уйти с работы, забрать ребенка из дома, отвезти на секцию, потом отвезти домой и снова поехать на работу. Еще вспоминаю, как печатала статьи на ноутбуке в школьной раздевалке, пока Иваш занимался наверху в классе подготовкой к школе.

Замуж я так и не вышла. В наших отношениях это бы означало, что я беру на себя обязательства заботиться и кормить мужа до гробовой доски, но никак не наоборот. Почти сразу выяснилось, что никаких отцовских чувств мой гражданский муж не испытывает. Такое бывает. А уйти он отказался. Сказал, что некуда ему идти.

Мой ребенок... нет, он совсем не ангел. Периодически мне казалось, что Господь перепутал семьи, и нам закинули чужого. Это моя абсолютная внешняя копия (да и на отца он внешне похож). Но Иваш не взял ни моей страсти к познанию мира, к литературе и языкам (я филолог), ни отцовской логики, феноменальной памяти и математических талантов (отец - военный авиаинженер). Школа давалась с трудом. Спорт шел лучше, но ни в одной секции он не задержался надолго. Я быстро забила на все свои амбиции, поскольку поняла, что люблю его любого, даже если его взрослая жизнь будет ограничиваться футболом и пивом. Люблю любого! И всегда приду на помощь.

Но... я не успела... я проглядела самое важное.

Расскажите про вашу потерю ребенка

В марте у моего 16-летнего сына начался серьезный кризис. Он не понимал, кто он, кем ему быть, что делать после школы, как подставить матери плечо. К тому моменту мы научились настолько бережно относиться друг другу, что при малейшей размолвке наперегонки бежали просить прощения. Мы обожали друг друга. При всей своей общительности и обаянии (моего сына любила вся школа), Ваня писал друзьям: «По большому счету, у меня никого нет, кроме мамы...». В свои 16 он научился делать вид, что "все хорошо", только чтобы не расстраивать меня. А я... слепая курица, я подумала, что подростковый период уже нами пройден.

17 марта мой ребенок пошел гулять с собаками и нашел на собачьей площадке закладку с наркотиками. Наверное, для вас будет шоком тот факт, что к этому возрасту почти все московские мальчики и девочки что-то пробовали. Ибо любая дрянь абсолютно доступна и недорого стоит. В закладке был какой-то порошок. Иваш положил находку в карман и ходил с ней несколько дней. Друзьям он говорил, что, скорее, всего выкинет пакетик. Но его не покидала идея, что именно расширенное (с помощью наркотика) сознание даст ему ответ, что ему дальше делать в этой жизни.

Я не пускала сына никуда весь карантин - у нас старенькая бабушка. В воскресенье 19-го была Пасха. Вечером в пасхальный понедельник он попросился на полчаса погулять с другом. Кажется, все ангелы отошли от нас, поскольку я почему-то его отпустила.... Сказала быть осторожным, поцеловала, сфотала его в прихожей в смешном респираторе...

Я искала его всю ночь. По всем возможным подъездам - адреса бросали его одноклассники, которые тоже не спали всю ночь. В 3 утра я наконец добралась до матери его друга, которого с трудом вычислила. Я разговаривала с ней на лестничной площадке 7-го этажа и звонила, звонила на неотвечающий телефон. А потом... Ангелы, где же вы? ... Почему-то вызвала лифт и поехала вниз, вместо того, чтобы прочесать весь подъезд по лестнице... В это время между 5 и 6 этажами лежали мальчики, уже мертвые. В закладке была убойная доза метадона. Они не знали, что они нюхают.

Единственное, о чем я теперь мечтаю - чтобы Ваня не мучился, чтобы не успел испугаться.

Какое у все вероисповедание и помогает ли оно проживать потерю

Я крестилась в православие в сознательном возрасте. С рождением ребенка мне хотелось кричать: "Господи, теперь мне не надо тебя ни о чем просить, я могу только благодарить!". Сейчас все не так просто. Кто Он, если делает такое с людьми? Что надо совершить, чтобы тебя так наказали? Во мне нет смирения, и благодарить Бога за то, что отнял у меня ребенка, я не могу. Возможно, что-то в голове изменится со временем. Все остальное я уже перепробовала: медитации, антидепрессанты, четыре психолога, которым нечего тебе сказать уже на второй встрече, алкоголь, экстрасенсы, уйти в работу с головой, благотворительность, поездки.

Отношение семьи и окружающих к горю

Что касается моего окружения.... Я вам даже не могу передать, что это была за поддержка. Как в той игре, когда ты падаешь, а тебя подхватывает сотня рук. Только это была не игра. Ближайшие друзья организовали дежурство и передавали меня из рук в руки. Нашли и сиделку для мамы. Человек 40 предлагали мне пожить у них. Не меньше 500 писали, звонили, молились в храмах, давали контакты психологов, что почитать, придумывали, как переждать первые месяцы, утешали, помогали деньгами. Сейчас мне очень хочется в фейсбуке рассказывать про сына, делать посты. Но я понимаю, что я не могу их больше терзать - этих чудесных людей, по которым также прошелся 2020-й год. Если пишу, то только в группе "Новая жизнь после смерти любимых".

Какие у вас произошли изменения после смерти ребенка

Прошло 9 месяцев и 19 дней. Теория пяти стадий горя, по-моему, не особенно работает - все эти стадии постоянно сменяют друг друга. Я ничего не приняла и не смирилась. Иногда мне кажется, что есть способ отбить моего Иваша у небытия, просто я его не знаю. Самое ужасное, что в моей жизни ничего кардинально не изменилось. Этот ежедневный поиск выхода "Что делать? Надо же что-то делать!" - ни к чему не приводит. Я бы хотела выброситься с крыши или круто поменять жизнь, но для этого надо куда-то пристроить 90-летнюю мать, выселить куда-то мужа... Очень сложно жить в старой квартире - я сплю на диване сына, у него и комнаты-то отдельной не было.

Что вам помогает продолжать жить? Где берете силы?

Что мне помогает продолжать жить? Да ничего особенно не помогает. Я еще не привела в порядок дела, не поставил сыну памятник, не написала о нем свою личную историю. Надо заботиться о маме. Стыдно перед друзьями, вложившими в меня столько своих сил и времени. Хотелось бы верить, что у Бога на меня какой-то особый план, тогда все было бы гораздо проще, и силы бы появились, как говорится, «вижу цель - не замечаю препятствий». Но пока нового смысла я не нашла, а жить ради того, чтобы просто жить, - это какое-то слабое предложение, родители меня поймут.

Возможно, все изменится, но сейчас мне кажется, что я уже наполовину там, с ним, и все, что происходит на Земле, уже не имеет особого значения.

19

ВИКТОРИЯ И НИКА

Расскажите коротко про себя

Я - Виктория, родилась в России в городе Ростове-на-Дону, но когда мне было 2 года мы переехали жить на Украину в г. Кировоград.

Моя дочка Вероника родилась 30 января в 2:25 ночи, вес 3100 г, рост 49 см, здоровеньким ребенком, я родила быстро и хорошо. Муж хотел дочку, а я - сына, так что имя выбирал он, назвали Вероника, а говорили всю жизнь - Ника. К сожалению моя мама не застала свою внучку, когда мамы не стало (ей было всего 43 года) и было 40 дней, - я забеременела и все говорили, что Душа мамы таким образом вернулась. Хотела ее назвать в честь мамы - Любовь, но побоялась, что повторит судьбу мамы, и что я не переживу если буду еще и дочку хоронить и назвали Вероника (Ника) и все равно я в итоге ее похоронила...как это можно объяснить, я не знаю...

Я закончила торговый техникум и работала в торговле. Муж мой к сожалению не работал, мы жили у меня, бабушка и дедушка (мамины родители) нас обеспечивали, еще у меня есть сестра Женя, я стала ее опекуном.

Когда Нике было 3 месяца, я развелась с Вовой, он начал пить, на протяжении 6 лет он ко мне приходил, мы то сходились, то расходились, я очень хотела чтобы у Ники был папа!

Расскажите про вашу потерю ребенка

Моя дочка Ника училась в Одессе, в училище им. Грекова на художника и была 3 курсе, оставался еще 1 год. Я тогда работала в Польше, чтобы оплатить учебу дочери, так как это была платная основа и проживание в Одессе очень дорогое. Но у меня получалось!

14 февраля 2018 г. по скайпу я последний раз видела свою девочку - ЖИВОЙ...Она была такая жизнерадостная и меня поздравляла с праздником, а я себя плохо чувствовала и у меня хватало сердце, наверно предчувствовало беду.

А 16 февраля мне на вайбер позвонила следователь, но сначала я не знала, кто это. На вайбере на аватарке было фото молодой девушки, которая говорила мне ужасные вещи, я дословно не помню. Была ночь, поэтому я не поверила ей, и думала что это шутка дурацкая, это же Одесса, и положила трубку. Она опять звонит, я попросила выслать ее удостоверение личности, и тогда она выслала, а также Никин паспорт и тут начался шок, ступор, отрицание, неприятие ситуации, непонимание, что делать? В голове крутилось: может это ошибка, может ее можно спасти, не может мой ребенок умереть. Непонимание, что там произошло, что могло случиться, кто это сделал? Ведь я не знала информацию о гибели дочери, последние слова следователя - где вы будете хоронить? Я ответила, что не знаю, я даже не понимала происходящего...

Я с большим трудом добралась до Украины, это была самая долгая дорога в моей жизни, я по вайберу сообщила своей родной сестре (это единственный мой родственник), у нее началась истерика, потом я написала сестре бывшего мужа, а также близким друзьям...

Билеты были только до Киева, но это было и к лучшему, моя подруга Ира со своей дочкой встречала меня. Спасибо ей большое, что она в тот момент была рядом, она поехала со мной в Кировоград, а потом и в Одессу, когда забирали мою Доцю!

К тому времени Вова (бывший муж) нашел 2 машины и мы поехали ее забирать. Это было ужасно, у меня вообще не было сил, а когда Нику забирали с морга, Ира была с нашатырем, но, Слава Богу, я не теряла сознание, я не могла поверить что это она, - моя девочка....

Как это случилось? Они с друзьями, ночью пошли на море. Зачем? Никто на этот вопрос не ответил. Там были ее подружка Настя (она ее считала близкой подружкой), Илона с их комнаты, Виталик - парень Илоны и Никита.

Что там произошло - мы до сих пор не знаем... Они все отвечают: "Мы не знаем, мы не видели." И у всех разные версии. Следователь сказала и написали в свидетельстве о смерти - несчастный случай, то ли поскользнулась, то ли нечаянно столкнули (это наши предположения).

Как я ни пыталась с ними поговорить, и что то узнать, - это было бесполезно, единственное, что я им сказала: "Вы можете обмануть меня и других, но Бога не обмануть. Если вы что-то знаете и молчите, то я вам не завидую, бумеранг есть, рано или поздно придется за это отвечать..."

После 9 дней мы с Толиком (это муж моей сестры) поехали в Одессу, он у нас бывший мент, а сейчас юрист в Киеве. Он с самого начало пошел в прокуратуру в Киеве, у него там знакомые, и это дело взяли под контроль. В тот день когда мы приехали в Одессу, мы встретились с Настей и поехали на 16 Фонтанную, там где утонула моя доця.

Нам повезло, мы там встретили охранника, который нашел мою Нику, нам было точно ясно, что она была на этом пирсе вместе со всеми, но почему они не знали, куда она исчезла и как утонула, это было не понятно.

Толик предположил, что они видели и знают, что случилось, но испугались и поэтому сразу пошли домой. Есть такая статья "неоказание помощи", думаю, этого они и боялись, мол, Веронику не вернешь, они - непричастны. А вот условный срок и отчисление с учебы никто не хотел, - зачем портить жизнь молодую.

Потом мы пошли в училище, забрали ее вещи. Директор тоже не верила, что никто ничего не видел и не знает.

По сей день я не знаю, что с ней случилось...

На похоронах была только Настя с подружкой, на 40 дней приезжал Виталик и все. В дальнейшем они перестали выходить на связь, даже Настя, которую Ника считала своей лучшей подружкой, но я теперь в этом сомневаюсь...Друзья не забывают, а я всегда рада общаться с теми, кто знал мою девочку

Какое у вас вероисповедание и помогает ли оно проживать потерю

Я православный и верующий человек. Мне Вера помогает. У меня есть свой духовный отец. И когда произошло горе, я у него спросила: "Зачем я живу?" И он ответил: "Вика, а кто за Нику молиться будет? Ты же хочешь чтобы она была с Богом?" "Ну конечно", - отвечаю я. "Так а кроме тебя некому за нее молиться, правда же?" "Ну да"... "Ты будешь молиться за нее, а она будет молиться за тебя!" На тот момент это был аргумент.

И я знала зачем мне надо жить.

Я прожила у друзей (так как дома сама не могла) где-то 3 месяца. Началась весна и я понимала, что мне надо идти работать, так как заботиться обо мне некому было. Но на обычную работу идти не хотелось, не было сил и желания и просто опускались руки, и тогда я сказала своему батюшки, что я хочу работать в церкви (я кстати мечтала об этом).

Но Господь так управил,что я попала в мужской Свято-Елисаветинский монастырь, который находится в моем городе и там я приходила в себя. Я очень благодарна настоятелю монастыря Архимандриту Мануилу и всей братии монастыря за поддержку.

Очень много я там молилась за Доцю. Наплакалась я в тот период. Но шаг за шагом приходила в себя. Сначала я там была в 2 смены, с утра и до вечера, если бы можно было, то и жила бы там. А потом пришлось возвращаться в реальную жизнь, материальную, где надо было работать и обеспечивать себя.

Отношение семьи и окружающих к горю

К сожалению моя дочка - это и была моя семья. У меня есть младшая сестра, она помогала мне растить Нику. Дело в том, что в 25 лет после смерти матери я осталась одна с двумя детьми на руках: сестра-школьница и моя дочка, она в то время ходила в детский сад. Сестра моя, Женя, очень любила Нику и тоже очень тяжело пережила потерю. Но поддержки с ее стороны не было, даже было такое, что ее муж на меня кричал на ровном месте. А один раз, когда я работала в монастыре, позвонила сестра и начала мне выговаривать: "А помнишь как ты на меня кричала?" У меня был шок. У меня такое горе, а они решили мне отомстить, добить, вместо поддержки напомнить, что когда-то я на нее накричала....

Со стороны бывшего мужа тоже самое. Полное безразличие и невыполнение своих обещаний. На год он мне не помог, даже на памятник денег не добавил. Только его сестра, Никина тетя, помогла и материально и морально, была на всех мероприятиях и поддерживала меня. Но в последнее время мы перестали общаться. Ни бывшая свекровь, ни отец Ники не проявляли интереса. Даже память своей родной внучки и дочки не могут почтить нормально...

А у моего бывшего мужа вообще святого ничего нет и не было. Отказался выделить деньги на памятник дочери, и по алиментам он остался должен 67000 грн. У него на данный момент четвертая жена и третий ребенок. Ника была первенцем.

Меня по настоящему поддерживали мои друзья, кумовья и хорошие знакомые! При том что многие помогли мне материально, находясь далеко, кто где, но все почтили память.. К сожалению с того времени многие отошли, не знаю почему, ведь настоящие друзья должны быть рядом. Но сейчас я к этому отношусь спокойно, идет отсев. Спасибо Богу за все!

Какие у вас произошли изменения после смерти ребенка

К сожалению после потери ребенка пока изменений нет, единственное, это то, что часто езжу работать за границу, и то по необходимости.

Жизнь утратила смысл и стала пустой...

Как я не старалась, очень тяжело и накрывает периодически.

Что вам помогает продолжать жить? Где берете силы?

Наверно мне помогает жить, первое, это Вера в Бога. Второе - ни смотря ни на что, есть желание жить, есть мечта создать свою семью и еще родить ребенка. Но пока получается так: один шаг вперед, а два назад.

Чувствуете ли вы перемены в себе - трансформацию?

Да чувствую в себе перемены, к сожалению, не в лучшую сторону, да это и понятно, был сильный стресс, много гормона кортизола, много нейронных связей погибло в голове. Особенно я это ощущаю по своему здоровью: я постоянно чем-то болею и у меня нет таких сил, как были раньше, нет ресурса и где его брать, я не знаю. Раньше был стимул и смысл в жизни - это была моя дочь.

Еще у меня появились панические атаки. Раньше я не знала вообще, что это. Я целый год, а может и больше находилась в себе, внешне я не реагировала на то, что происходило снаружи. Мне хотелось спрятаться, чтобы меня никто не трогал. Я стала спокойной, хотя раньше я была очень эмоциональной. Потом начала приходить в себя и начала говорить, выражать свои эмоции, чувства и говорить "нет" и что вы думаете, многим это не понравилось, потому и произошел отсев. Так что трансформация была и наверно духовный рост и понимание жизни и переоценка ценностей в который раз. Осознание того, что от нас ничего не зависит, что мы не можем контролировать этот процесс. Я себя ощущаю птицей Фениксом, которая сгорала до пепла, но всегда воскресала, думаю, сейчас это тоже возможно, хотя на это надо время.

Происходили ли события, которые сложно объяснить с помощью обычной физики?

Снился мне сон за три-четыре месяца до этих страшных событий. Как будто Ника маленькая и катается на круглой карусели и вдруг она вылетает, и летит и падает в реку. Я бегу к ограде и вижу реку грязную, черную и не вижу ее. Я проснулась, я очень хорошо помню этот сон. Проснувшись, я поняла, что сон не очень хороший, позвонила Доце, она тогда училась в Одессе, и попросила ее чтобы она была осторожна, что мне приснился плохой сон. Но не стала ей рассказывать, что за сон был. Она уже знала, - если я так говорю, значит надо к этому прислушаться. По жизни мне снятся вещие сны. До трагедии у меня сильно колотилось сердце, таблетки не помогали, я уже хотела идти в больницу, а тут такое известие и все прошло, в тот момент я даже забыла об этом, не знаю как оно выдержало все, наверно материнское сердце предчувствовала беду...

Расскажу свои сны после похорон. Первый мой сон - это мы с Никой сидим в кафе и кушаем, я смотрю на нее и вижу у нее волосы у корней все седые, я ей говорю надо волосы покрасить, а она молчит, и я проснулась.

Потом снился морг и как ее везут на каталке, четко видела ее ноги.

К 40 дням такой сон снился: будто я иду в ее школе, а потолки низкие и обои с блестками, захожу в их класс и сажусь в конце за парту, а рядом сидит чей-то папа, но лица мужчины я не видела. И Ника мне молча дает белый чистый лист...

Когда я рассказала этот сон друзьям, мне сказали, что он значит, что бы я жизнь начинала с начала, с чистого листа.

Потом перед годом приснилось, что Ника пришла домой и сказала: "Мама я живая! Я вернулась!". И я такая счастливая была в тот момент. Мы идем с ней по улице и я всем сообщаю: "Ника живая, она вернулась!" Потом долго она мне не снилась. А вот в 2021г. перед ее день рождением, а это 30 января, она мне приснилась снова, будто она у нас дома и мы с ней крепко обнимаемся и я так ее чувствую и еще сильнее ее обняла и говорю ей: "Я так за тобой соскучилась". А она сказала: "Я тоже". Потом я начала плакать и говорить как мне без нее плохо и как тяжело без нее жить. Она промолчала. Потом я ее спросила:

- "А ты видишь мои страдания?" Она ответила: "Да"
- "Тебе там хорошо?" - она ответила - "Да".

Ника была очень счастливая и радостная в этом сне! И я проснулась.

Как проходили этапы проживания горя?

Да у меня были стадия проживания горя:

Отрицание было, мозг искал выход и не хотел принимать ситуацию и искал выход.

Злость была, но больше всего внутреняя, потому что у меня сразу наступил шок, меня как парализовало, я не могла показать это в жизни.

Торг тоже был, но очень мало, так как я ничего бы не смогла изменить, чувства вины не было.

Депрессия страшная была, были панические атаки (но я тогда и понятия не имела, что это) благодаря нашей группе, я узнала, что это такое.

Принятие - думаю, что еще нет, так как у меня бывают срывы и жить не хочеться.

У меня осталось много ее картин, так как моя дочь училась на художника, и у нас в городе устроили посмертную выставку картин моей девочки.

20

ДАЛИ И НИНИ

Расскажите коротко про себя

Меня зовут Дали. Я грузинка. Живу в Грузии. Мне 50 лет. Работаю преподавательницей РКИ в школе. Замужем.

Расскажите про вашу потерю ребенка

Моя младшая дочка Нини скончалась в одной из ведущих клиник Грузии от пневмонии в декабре 2017 года. Ей было 11 лет. Когда родила её, мне было 36 лет. Есть у меня ещё старшая дочь, ей сейчас 17 лет.

Мир для меня рухнул там, где людей спасают, спасли многих и спасут еще, наверное... В день, когда Нини покинула этот мир, у меня не было никаких предчувствий, что это произойдет. Наоборот, я была полна надежды, потому что сатурация не понижалась, даже в мыслях не допускала, что такое возможно, никакого предчувствия. А после потери я словно окаменела....

Какое у все вероисповедание и помогает ли оно проживать потерю

Я православная христианка. Первое время я ходила в церковь в каждую субботу и воскресенье. Скорее всего, водили туда нас с мужем. Мне твердили, что она ангел, с Богом...Ей хорошо! Лучше не бывает!.. Не могу сказать, что я верила в это безоговорочно, но выжить помогло...Сейчас в церковь хожу очень редко. Есть у меня ритуал: по утрам и вечерам читаю молитву, ставлю свечи, говорю дочери, что очень люблю её.

Отношение семьи и окружающих к горю

После потери дочери нас очень поддержали родственники и друзья: и морально и финансами. Это бесценно! Я им очень благодарна! Хотя были и такие, которые вообще исчезли из нашей жизни... Отношения с мужем и старшей дочерью были разными: то готова была ради них сдвинуть горы, то видеть не могла их... Это продолжалось несколько месяцев. Потом стала стабильнее и думала, что я им нужна... После 40 дней я вышла на работу. В школе, где я работаю, в шестом классе училась моя дочь. Сейчас, 3 года спустя, очень жалею, что тогда так скоро вышла на работу...

Что вам помогает продолжать жить? Где берете силы?

В тот день я получила сообщение от старшей дочери, она просила меня что-то купить. Вечером, когда увезли младшую в морг и возвращались домой, я попросила остановить машину и чтобы зайти в магазин, купить кое-что для старшей дочери... В тот момент я и решила, что буду жить, что я нужна своей живой дочери... Но как? Боль была адской...Выжила...

Сейчас у меня встречи с Нини во снах. Часто вижу ее во сне, чувствую, ощущаю связь и заботу. Любовь наша бесконечна, я верю, что мы опять будем вместе.

Чтобы не сойти с ума от отчаяния после похорон я стала писать ей письма. Сначала писала для себя, публиковала в социальных сетях, мне писали, что рады встрече с Нини в моих письмах. Потом собрала эти письма и её записки в книгу.

Про Нини говорили, что она "Подарок от Бога", "Ангел на земле", хотя она была самой обычной девочкой. Хочу, чтоб она жила в книге, как ее любимые герои. Эта книга - мой мирок. Моя связь с Нини, мой путь, моя цель, мой ресурс ...

Мне очень помогло общение с такими же мамами, как я. С теми, кто смогли жить дальше, нашли новые смыслы в жизни. Я думала, что раз они смогли, может и я смогу. Смогла, наверное, раз пишу эти слова.

У нас во дворе есть цветочный сад. Я назвала его её именем и стала покупать новые цветы. Многие дарили. Ищу идеи в интернете. С каждым годом он становится всё краше. Я рада этому. Вдохновляет очень. Садик летом полон прекрасными бабочками. Часто прилетают голуби. Я чувствую связь с дочерью и тут.

Я часто смотрю фильмы о потере детей. Плачу, переживаю вместе с героями, но потом становится легче. Говорят, проживая чужое горе, лечишь свою боль. Сама делаю разные коллажи из фото и видео дочки, хочу собрать в видео. Сейчас очень помогает общение с моими учениками. Дети такие чистые и натуральные.

Происходили ли события, которые сложно объяснить с помощью обычной физики?

Перед днем рождения Нини мне было особенно плохо. Примерно месяц назад я задумала: "Нини, дай о себе знать. Пусть распустится новый цветок в твой день рождения в твоем цветочном садике". В день рождения Нини 14 июля утром распустились впервые в том году цветочки. Это Нини улыбнулась нам!

Примерно год назад приходила учительница рисования, из школы, куда ходила дочка, она принесла рисунки и альбом. А мне очень хотелось электронную версию фотографий. Два дня назад эта учительница позвонила мне, сказала, что проезжала мимо и захотела навестить меня. Потом она добавила: "У меня в сумке флешка, там больше фотографии, чем на диске и в альбоме".

А один раз, двоюродная сестра Нини нашла видео на Ютюбе. Это было видео, где Нини рассказывала, как сделать бумажную коробку. Я позвонила племяннице, и она рассказала, что случайно нашла это видео и поделилась на фейсбуке, чтоб не потерять. Оказывается, у Нини был канал с 14 подписчиками и там было целых три видео.

Как проходили этапы проживания горя?

Стадии отрицания у меня не было... Гнев был...Торг был...Я долго искала ответы на вопросы "Почему я?", "За что?" Искала их в религии, психологии, в фильмах и книгах. Не нашла ответов... Да и нету ответов! Сейчас я в это твёрдо верю. Взяла на себя чуть ли все грехи человечества...

Первое время у меня исчезли все эмоции: положительные и отрицательные. Но со временем они вновь появились. Впервые заметила весной, несколько месяцев спустя от трагедии. Я была рада, что цветочки стали распускаться на деревьях. От этого мне стало и хорошо, и плохо...Стала замечать, что у еды есть вкус. Депрессии у меня в классическом смысле этого слова, не было... Зато у мужа была тяжелая депрессия, с приступами...И сейчас ему очень тяжело без антидепрессантов...

Не знаю, можно ли считать это принятием, но я сейчас работаю с удовольствием, есть ощущение новых желаний и радости, думаю о будущем. Но не отпустила я её: каждый день общаюсь, рассматриваю фото и видео. Я сохранила все её вещи.

Чувствуете ли вы перемены в себе - трансформацию?

Я изменилась, конечно, стала другой. Раньше была неисправимой оптимисткой, весёлой, жизнерадостной.. Я думала, что если живешь правильно, делаешь добро, то у тебя в жизни всё будет отлично. Этого нет больше. Произошла переоценка моих ценностей. Сейчас я думаю, что наша жизнь состоит из случайностей, никто ни от чего не застрахован. С самыми чудесными людьми может произойти самое страшное..

Время не лечит наше горе, но жить с болью - учит. Я живу между двумя мирами, но живу! Ощущаю радость и думаю о будущем. Живите и вы, пожалуйста!

21

ОЛЕСЯ И ДАНЕЧКА

Расскажите про вашу потерю ребенка

Мой Данечка родился 28 августа 2019 и прожил 24 дня, 21 сентября его не стало...

Ужасные диагнозы и ни малейшего шанса выжить.

На 20 неделе у плода генетик обнаружил образование в области сердца. В состоянии эйфории и радости от того что я беременна, я сразу и не поняла, на сколько это серьезно.

На тот момент у меня уже бегал дома маленький двухлетний проказник. И я наивно полагала что всё будет хорошо. И ведь врач, который это обнаружил начал уверять, что это операбельно, и что самое главное доносить до конца срока. Но не тут то было. В женской консультации меня стали буквально избегать, своего врача я с этого момента больше не видела. Она ушла в отпуск и сказала не звонить, причем когда я сказала, что с ребёнком проблема, я услышала "Тебе нужен этот инвалид? У тебя же есть ребёнок, сделай аборт пока не поздно (в Украине это можно до 22 недель)."

В общем я боролась и отстаивала своего малыша с первого дня зачатия. То перед мужем (он не хотел его оставлять), то перед врачами (которые не хотели портить себе статистику), то в больнице у кроватки.

С 22 недели как погнали карусели с УЗИ каждую неделю и несколько раз на неделю и у разных докторов, с 28 недели это образование стало уже больше сердца начало давить на одно лёгкое, сдвинуло сердце вверх и перекрыло пищевод. У меня началось многоводие. За две недели у меня уже не просто был большой животик, - я еле дышала.

Мне было больно и обидно, почему это случилось со мной? Мой круг друзей и родственников разделился: одни просто сочувствовали, вторые не понимали зачем мне "этот инвалид", а третьи, - куда же без них, - злорадствовали, и была ещё одна категория, - которым было всё равно.

На 30 неделе кардиологи сказали, что нужно делать экстренное кесарево, спасать малыша, потому что опухоль (тератома) занимала на тот момент 60% грудной клетки и у малыша начались отеки. На УЗИ в роддоме сказали, что у меня пять литров вод (вместо положеных грамм 700-900) и 2900 малыш.

Мой случай был очень не лёгким и врачи настаивали, да и я сама хотела быть в сознании во время кесарево. Чувствовала себя как на распятии, меня зафиксировали на столе в виде креста. Самого процесса я не видела, но когда малыша начали спасать чтоб он дышал, я глаз от него не отводила. Какой он у меня красивый, маленький и ни в чем не виноватый.

Бедненький, даже не знаю, где мой малыш силы брал. На вторые сутки прооперировали и всё вроде бы хорошо стало и он пошёл на поправку. И подтвердили что опухоль доброкачественная (как нам сказали). Единственное было - как-то начать кормить. После первого прикорма у сыночка раздуло животик, и потребовалась экстренная реанимация и операция на желудке. Как оказалось, у него начался некроз, удалили 1/3 желудка и нашли в 12-ти перстной кишке мембрану, блокирующую проходимость еды. Через несколько дней сказали, что у него инфекция, какая не уточнили, пока я не пошла к хирургу, оказалось, что это сепсис. В общем за весь период я только два дня видела как мой ребёнок улыбается и хватает меня за руки, потом его состояние резко ухудшилось, и он умер через четыре дня.

Самое ужасное было пережить первых два дня после потери, ведь у меня ещё и молоко было, нужно было сцеживать каждые три часа. А для кого?

После вскрытия сказали, что шансов у моего ангелочка не было. И как оказалось опухоль была недоразвитой, и скорее всего она и спровоцировала этот сепсис. И плюс то, что он был слишком маленьким. Самое обидное, я его так и не подержала на руках ни разу, ни живого, ни мертвого не разрешили взять.

Мне очень помогла группа поддержки для "родителей потерявших детей во время, до или незадолго после рождения". Единственное, что я для себя вынесла с группы, я не с тех, кто через год родит другого. Я считаю, не важно сколько прожил твой ребёнок 15 минут или 15 лет, он был и есть в твоей жизни! Мы же не ищем себе других родителей если теряем тех, что есть, или брата, или сестру.

Как проходили этапы проживания горя?

Я не знаю на какой стадии проживания горя сейчас нахожусь. Но скажу точно, что были у меня эти качели с периодами и мне давалось все очень сложно. И когда замкнулся круг точки невозврата, когда прошел год, то меня опять накрыло по новой.

Сейчас мне 31 и я на стадии прощения самой себя, я учусь говорить заново с людьми, ищу гармонию в себе. Моя жизнь разделилась на "до" и "после", и то какой я себя вижу дальше, - мне нравится. Хоть я чаще в депрессии, чем в норме, но могу выдержать и поддержать горевание другой мамы ангела.

Искренне желаю тому, кто будет читать эти строки не потерять себя, очень важно помнить что ты у себя одна (один) и береги себя.

22

МАРИЯ И АНЯ

Расскажите коротко про себя

Мне было 39 лет, я была замужем, жила в Москве с мужем и сыном, которому на момент рождения сестры было 4,5 года. По профессии - редактор, журналист, переводчик. На тот момент была на фрилансе, переводила книги, писала статьи. Я ушла из офиса перед рождением первого ребенка.

Расскажите про вашу потерю ребенка

Это была девочка, которая умерла в родах - все, что могло пойти не так, именно так и пошло, хотя беременность была идеальной. В результате - кровотечение, экстренное кесарево под общим наркозом, меня еле спасли, дочку спасти не удалось. Весь роддом был на ушах, случай считался неординарным. Назвали ее Аня – мое любимое имя, имя моей бабушки и лучшей подруги.

Какое у все вероисповедание и помогает ли оно проживать потерю

Конкретного вероисповедания у меня нет, но разными практиками я занимаюсь давно. Это и разные направления йоги, и медитации, и боевые искусства (айкидо), и многие другие. И да, безусловно, все они очень помогли.

Отношение семьи и окружающих к горю

Все очень мне сочувствовали и переживали за меня, начиная с персонала роддома. Мне выделили отдельную палату, чтобы я не видела младенцев – после операции пришлось надолго задержаться в больнице.

Подруга предложила денег, чтобы я уехала куда-нибудь отдохнуть. А я очень злилась на всех за то, что никто не горюет так, как я, и не может меня понять. Понятно, что это очень инфантильно, но так у меня было тогда. Никто и не мог так переживать - мы с мужем единственные, кто видел дочку (мы и хоронили ее вдвоем, я никого не хотела видеть, да и родственники мои живут за границей). На мужа тоже очень злилась. Разумеется, никто не мог разделить мое горе - я единственная, кто воспринимал дочку живой, чувствовала ее внутри во время беременности. Но такой вот был период.

Отношение между супругами, с детьми, которые были в семье на момент потери

Муж очень поддерживал, сын немного погрустил, но он никогда не видел сестру (сейчас считаю это огромной ошибкой, что мы не взяли его на похороны, но тогда у меня просто не было на это сил).

Она осталась для него абстрактным персонажем, и в четыре года есть множество других важных дел. Они быстро вернулись к своей жизни.

Какие у вас произошли изменения после смерти ребенка?

Внешне никаких особых изменений не произошло. В конце того года я вышла на работу в редакцию, после нескольких лет фриланса. Место оказалось не очень удачным, но я параллельно писала для того издания, где действительно хотелось работать (Yoga JournalRussia), и через год удалось туда перейти - лучшая работа в моей жизни! Кот был с нами еще до рождения сына, он появился у нас первым. Так что внешне ничего не изменилось. Был переезд в США (из которых я быстро вернулась), но это было уже намного позже.

Что вам помогает продолжать жить? Где берете силы?

Поначалу жить помогала сама жизнь - необходимость вставать и что-то делать. Муж тогда вообще все делал (я после экстренного кесарева еще долго ходила, держась за стенку). Он отводил сына в сад, шел на работу, забирал его, заходил за едой. Я сидела дома, плакала и слушала Кришна Даса. Мне стало неудобно, что он все делает, и я стала вылезать - и это помогло. Потом стало ясно, что заканчиваются деньги, и надо озадачиться работой. Через пару месяцев после родов я переводила на конференции журнала "«Домашний ребенок"/"Midwifery Today" о домашних родах.

Меня тогда все спрашивали, как я могла находиться в месте, где вокруг столько женщин с младенцами и делать перевод о счастливых естественных родах, о которых я так мечтала и которых у меня теперь никогда не будет (с сыном у меня тоже было кесарево сечение, хоть и при совсем других обстоятельствах). Я очень мечтала родить самой, чтобы роды были в совсем другой, гармоничной и любящей атмосфере. И вот теперь стало понятно, что после двух кесаревых и обстоятельств последнего от этой мечты придется отказаться. Однако присутствие на той конференции таких прекрасных акушерок и доул со всего мира, сама атмосфера мероприятия, - все это дало мне мощный заряд исцеления.

А в конце того года в Москву приехал и сам мой любимый Кришна Дас, и мне, как корреспонденту YJ, удалось встретиться с ним и взять у него интервью - и это было незабываемо.

Потом - работа на этот журнал, встречи с потрясающими людьми, практиками. В начале того года я наслаждалась счастливой беременностью, в марте считала, что жизнь кончена, в ноябре шла на концерт и интервью с Кришна Дас. Жизнь очень непредсказуемая! Безусловно, такие позитивные события помогали возвращаться к жизни.

Чувствуете ли вы перемены в себе - трансформацию?

Безусловно, да. Я много лет переводила мероприятия по адвайта-веданте и так-называемой нео-адвайте - учению о недвойственности. Сначала меня просто тянуло к этому учению, я читала про него и переводила книги, работала на мероприятиях, мне оно нравилось на чисто интеллектуальном уровне. А тут вдруг впервые многое почувствовала. В какой-то момент ощутила, что не я - главная во всей этой истории, а моя дочь. Я никогда не узнаю, почему так произошло, но это ее история, ее жизнь и смерть. И какая-то сила, большая, чем я сама, какое-то огромное многообразие обстоятельств и факторов сделали так, что все произошло именно так. И что тут не может быть ошибки - нет сослагательного наклонения, всех этих «если бы». То, что есть - единственное, что могло бы быть. Любопытно, что это осознание у меня не распространилось на другие сферы жизни - только на то, что касается дочки.

Происходили ли события, которые сложно объяснить с помощью обычной физики

Да, постоянно что-то происходило. Помню, например, как я сидела дома, и тут будто кто-то, чья-то рука, меня физически подняла и повела в книжный магазин «Москва» на Тверской. Там меня будто подвели к конкретной полке и моя рука сняла с нее диск с фильмом (тогда еще такие продавались)). Это оказался фильм «Любовь и прочие обстоятельства» с Натали Портман - про женщину, потерявшую малыша, который стал невероятно целительным для меня.

Напишите, как у вас проходили/проходят пять стадий горя

Про этапы горя - я их не отслеживала, честно говоря. Читала про эту классификацию много раз, но как-то она не отзывалась, не оказалось важной для меня лично. Я ощущала свой опыт как некий единый процесс - хотя, конечно, я проходила эти этапы, но между ними не было четкой грани. Мне вообще хотелось бы написать четкий, слаженный рассказ - вот я сделала так, и это помогло, ходила по психологам, завела себе определенные практики и ритуалы. Но у меня все было вперемешку.

Практики я делала, но не чтобы справиться с горем, а чтобы лучше понять себя и жизнь, частью которой и было то, что произошло с ней. К психологу пришла только в прошлом году (а дочки не стало 10 лет назад), по другому поводу, но это общение оказалось целительным и для этой темы тоже. Делала послеродовое пеленание на закрытие родов - но, как ни странно, этот прекрасный ритуал оказался для меня вообще про другое. Книги, фильмы, люди, разговоры, практики, работа - все они вносили свою лепту в процесс проживания горя - и отпускания.

23

КАТЯ И ЕЕ ДОЧЬ

Расскажите немного о себе

Меня зовут Катя, мне было 32, когда я была беременна вторым ребенком, это была дочь.

Мы с мужем планировали второго ребенка, я занималась активно здоровьем и спортом, мы прошли стандартных врачей, и очень быстро зачали. Свою первую дочь мы ждали больше года, мы были здоровы, я даже прошла много разных процедур, все отлично, но зачатия не происходило. Думали со вторым ребенком у нас займет все не меньше полугода, но зачали чуть ли не в первый месяц.

Мы живем в Казахстане, я фотограф.

Расскажите про вашу потерю ребенка

Нашу вторую дочь зовут Жасмин.

В первом триместре была угроза беременности, но врач помог ее сохранить, во втором триместре во время планового скрининга узист очень холодно и грубо обнаружил, что у ребенка явный синдром Дауна.

Потом был кошмарный сон, в котором диагноз подтвердился. Я

сделала все, чтобы подтвердить диагноз. Мы решили с супругом, что беременность должна прерваться. Это было нелегкое решение. Но в условиях нашей страны и сопутствующих данному синдрому заболеваний мы бы обрекли себя и обоих наших детей на страдания.

Какое у вас вероисповедание и помогает ли оно проживать потерю?

Я не придерживаюсь религии, есть какая-то энергия, может это Вселенная, может это Бог.

Я редко молюсь, своими словами, я очень приземленный человек, думающий мозгом и логикой.

Отношение семьи и окружающих к горю

Мои родители предлагали оставить ребенка.

Мы решили так, как будет для нашей семьи лучше. Повторюсь, решение далось не легко. Никто из родственников, кроме родителей, не знает о случившимся. Были бы осуждения, стороны разделились бы как за, так и против. У меня не было и нет сил с этим разбираться, мне их мнение не важно. Сейчас мои родители стараются эту тему не затрагивать.

Мне попалась замечательная книга "Посмотри на него", которая помогла мне прожить это горе. Помогла понять, как лучше для меня и моего мужа, моего ребенка. Мы проходили все шаги вместе с мужем.

Дочери мы ничего не говорили, ей всего 3 года. Она сама говорила, что у мамы в животике ребенок, а после перестала, мы ей не говорили о ребенке и не говорили, что произошло. Мы оставили это на более старший возраст.

Чувствуете ли вы перемены в себе - трансформацию?

Из изменений - я начала работать с психотерапевтом, читать в этой сфере и помогать тем женщинам, которые столкнулись с такой проблемой.

Что вам помогает продолжать жить? Где берете силы?

Время помогает, работа, моя семья и работа с психотерапевтом.

Работа с психологом дает изменения, это событие сделало меня слишком эмоциональной.

Решение прервать беременность далось нам нелегко. Мне нелегко. С одной стороны - я приняла решение и взяла на себя ответственность, с другой - я убила своего ребенка.

Мне с этим жить. Такие решения для у каждой женщины свои.

Растить или прервать.

Я хотела бы сказать каждой, кто столкнулся с таким диагнозом - слушайте себя, свое сердце, решайте от любви, а не от состоянии жертвы. Если вы решите оставить ребенка с позиции жертвы, вы и ребенок и все ваше окружение будете страдать. Оставляйте его по любви к себе, к своему телу и своему ребенку. Или решайте прервать беременность тоже по любви, к себе, к своему телу и к ребенку.

Происходили ли события, которые сложно объяснить с помощью обычной физики (мистика...)?

Мистики не было, были стандартные проблемы, бессонница, чувство вины, постоянное желание поесть, сигареты и алкоголь. Алкоголь помогал мозгу расслабить тело. Но это было не долго.

Напишите, как у вас проходили/проходят пять стадий горя

Изначально я отрицала, у на сне может такого случиться, это сон, мы два здоровых, молодых человека.

Потом была злость, ну почему так, почему у меня?

Потом я делала всевозможные тесты и анализы, которые только подтверждали диагноз снова и снова.

Потом беременность прервалась и появилась тихая депрессия, когда ты что-то делаешь, но словно все это было не с тобой, ты страдаешь, но историю ты эту уже услышал.

Принятие - не знаю, пришло ли оно, пришло принятие, что я просто человек.

24

НАДЕЖДА И ВЛАДИСЛАВ

Расскажите коротко про себя

Меня зовут Надежда. Я была беременна четыре раза, детей со мной только двое. Первая беременность - замершая на девятой неделе в 20 лет, тогда я думала это конец света...В 21 год родилась дочь, сейчас ей девять лет. Когда мне было 28, решились родить ещё одного малыша, теперь он - ангел. И в 30 я ещё раз стала мамой ещё одного сыночка. С мужем в браке 11 лет. Всю жизнь посвящаю не только своим детям, но и на работе, в школе, я - учитель. Живу в Украине.

Расскажите про вашу потерю ребенка

Наш первый сын прожил лишь 24 дня после рождения, зовут его Владислав. Ушел он от нас за каких-то несколько часов. Ребенок просто отказался ночью от груди, стал сонливый очень, вызвали скорую - напали на меня, что у ребёнка колики, а я - паникерша, но забрали в больницу после того, как я настояла.

В больнице диагноз тот же, плюс желтушка. Положили до утра

наблюдать, я всю ночь бегала к врачу, переживала, что он вообще не ест, температура, уколы не помогали...

Утром его просто забрали в реанимацию...

И вечером звонок с соболезнованиями...

Началось всё с роддома, где было инфицирование стафилококком, педиатр советовала просто промывать ранки - это стало началом, ведь нужно было лечение антибиотиками. На фоне этого организм ослаб, а также уже после вскрытия оказалось, что у нас проблемы с вилочковой железой, и любая инфекция очень опасна. В больнице поставили диагноз - менингоэнцефалит, после медэкспертизы - сепсис и куча дополнительных диагнозов.

Какое у все вероисповедание?

Я христианка, но после потери очень злилась на всех святых, в церковь не могла зайти или слышать вообще что-то о Боге. Через два месяца мне резко захотелось пойти к священнику, пошла - а он мне выдал, что дети расплачиваются за грехи родителей...

У меня был шок...

Также хотелось найти какую-то бабку или провидцу, спросить, за что нам такое. Нашла батюшку - провидца, ездила к нему три раза на молитву, он говорил, дочь у нас ещё будет. На тот момент он нам дал надежду, что всё станет лучше. Даже с мужем повенчались. Через два года после потери очень заинтересовало Таро, много читала и практиковала.

Отношение семьи и окружающих к горю

Семья не знала как помочь, это первая и их потеря ребенка. У мужа ещё семь братьев и сестер, у меня две сестры, приехали все, кроме одного брата. Но со мной никто не говорил на тему потери, всё уходили от темы, лишь моя сестра и кума могла меня выслушать хотя бы, от этого немного было легче. Было много советов, типа, родишь ещё... значит так надо было... у вас же есть дочь...

Отношение между супругами, с детьми, которые были в семье на момент потери

С мужем до рождения сына бывало всякое, даже раз я хотела уйти, я поставила перед фактом или мы слышим друг друга или расходимся. Мы выбрали первое, и как раз через несколько месяцев я узнала, что беременна.

Какие у вас произошли изменения после смерти ребенка?

После ухода сына хотелось ребенка, причем сразу! Мы даже смотрели сайты детдомов... Я пошла по врачам, искала, кто разрешит уже беременеть, хоть с этим у меня проблемы были. Забеременела через два года после потери. Все мои рожденные дети - ноябрьские, сейчас сыну четыре месяца.

Что вам помогает продолжать жить? Где берете силы?

Вот честно, жить не хотелось, сдерживала не дочь, а то, что если себя убить, и если Бог существует, - то я не увижу своего сына в раю... Это была единственная причина не сдаваться. Позже я переживала за моральное состояние дочери, переключилась на неё и планирование беременности. С мужем стали ближе намного, - это давало сил.

Чувствуете ли вы перемены в себе - трансформацию?

Перемены во мне, однозначно есть, всё проблемы, не связанные со здоровьем детей - это не проблемы. Стала говорить людям все прямо, даже плохое, хоть раньше редко грубила или жестоко отвечала.

Очень жаль что тема потери ребёнка очень скрытая для людей. Очень многие люди ранят своими словами, просто не зная что сказать.

Происходили ли события, которые сложно обЪяснить с помощью обычной физики?

После потери начинаешь верить, что нас слышат умершие, шлют нам послания. В мой день рождение, через месяц после потери, в январе, светило очень ярко солнце, хоть до этого было всегда пасмурно.

Когда мысленно обратилась к сыну - пошел такой снег, не знаю совпадение или нет, но по погоде не было снега. Ночью светила огромная луна. В этот день я спрашивала сына, могу ли я ещё раз быть мамой? Не обидится ли он? Вечером у меня впервые после родов, начался цикл.

Я верю что мой ангел оберегает нас. Один раз я чуть не утонула, помогли случайно. Второй раз - на третьих родах. Внезапно началось кровотечение, не могли долго остановить, врач не тот, банка крови у них нет...

Много чего было тогда против меня, а я, честно, даже не сопротивлялась. Но когда второй сын начал плакать в соседней комнате, я начала осознавать,что нужна тут, дети не смогут без мамы. Я просила своего ангела и Бога оставить меня для детей здесь. Я даже не осознавала, что было всё очень серьезно, через месяц в этом роддоме умерла женщина от кровотечения.

Я очень ждала и жду когда мне приснится сын, но за два года был лишь один сон, но я лишь чувствовала его присутствие, но не видела.

Напишите как у вас проходили/проходят Пять стадий горя

Сама прожить потерю я пыталась год, но не могла. Я обратилась к психологу, вот она мне помогла реально научиться жить дальше, мы с ней проходили все стадии заново. Но часто и сейчас чувствую карусели, как будто всё это было вчера, а через секунду, как будто это всё было не с нами.

25

ВЗГЛЯД ИЗНУТРИ

Я чувствую, что сейчас наступила новая эпоха - время, когда можно освобождать шкафы от скелетов. Мы говорим о темах, о которых раньше молчали. Например, о насилии. Сегодня мы понимаем, что если глубоко-глубоко запихнуть боль, она никуда не денется и будет вылезать в виде болезней, разъедать изнутри. Психология стала достаточно популярной, чтобы мы научились хоть немного разбираться со своими эмоциями и паттернами. Прогресс, хочу сказать. Вроде, нет больше табу, можно говорить обо всем на свете...

А вот и нет. Есть еще одна тема, острая настолько, что даже думать о ней больно. Поэтому она замалчивается, и люди, переживающие это, находятся в полной изоляции. Им кажется, что такая беда случилась только с ними. А те, кто хотят поддержать, часто даже не знают, как это сделать. Я говорю о теме детской смерти и рождении детей с особыми нуждами.

Смерть родителей - это проза жизни. Мы все понимаем, что родители не вечны, придет их время покинуть тело. Но дети - это наше будущее, и их смерть - изменение нормального, правильного, заложенного природой течения жизни. Когда женщина узнает, что у неё будет долгожданный ребенок, она начинает мечтать: какие вещи купить, как обустроить детскую, как назвать малыша, рисует картинки в голове, как они вместе будут проводить праздники и будни. И когда ребенок уходит, - эти мечты разбиваются, земля уходит из под ног. Разрушается вся картина мира, человек становится оголенным проводом, и в этот момент его настигает вторая травма - отношение к трагедии членов его семьи, друзей и общества. Люди, возможно из самых лучших побуждений, пытаются поддержать, они хотят "как лучше", а получается "как всегда". Они ранят своими словами и реакциями. Когда я стала делиться своими переживаниями с девочками, также прошедшими через опыт потери, то обнаружила, что несмотря на разную географию, менталитет и даже язык, слова и реакции других людей очень похожи. Поэтому я чувствую потребность поделиться своим опытом "изнутри травмы". Возможно, это поможет немного приподнять занавес над этой табуированной темой, снизить повторную травматизацию, и кто-то просто получит такую нужную поддержку.

Итак, представьте, что вы - в центре землетрясения, рушатся стены, проваливается пол, на котором вы стоите, падает крыша, деревья вырываются с корнем. У вас шок. Разрушается мир, в котором вы жили не один десяток лет. И вдруг в небе, прямо над вами, показывается симпатичный и исправно работающий голубой вертолет, в его кабине, в полной безопасности, сидит ваш друг с чашкой кофе и пирожным. Он смотрит на вас сверху вниз и кричит: "Ну, ты там держись". И ты озираешься - за что держаться? Все рушится, все трясется вместе с тобой, земля разверзается, и ты падаешь вниз. Держаться не за что. О чем это он говорит? Он не понимает что ли, что я падаю, и все падает вместе со мной? Эта ситуация причиняет невыносимую боль.

Часто даже не хочется никому ничего рассказывать, чтобы не удариться снова и снова об это банальное "держись". Еще сразу вспоминается песня Красной плесени "Ты мне роди, а я перезвоню". То есть, самого человека рядом нет, а есть какие-то дежурные слова ни о чем. Важно отметить, что я никого не обвиняю, люди делают это не со зла, наоборот - из самых лучших побуждений. Часто им самим настолько больно находиться рядом, что они бессознательно отгораживаются от этой травмы, так как это - их самый страшный ночной кошмар, внезапно ставший чьей-то реальностью.

Самое интересное, что часто ни врачи, ни медсестры, ни социальные работники не знают, как говорить с родителями о смерти или неизлечимой болезни. Отец и мать сталкиваются с непрофессиональным и нечеловеческим отношением медицинской системы. Такое чувство, что детская смертность и рождение детей с особенностями развития такая редкость, что врачи теряются и дают понять родителям, что только им так "повезло". Меньше всего родители хотят услышать, что их ребенок уникально болен, и врачи понятия не имеют, какой у него диагноз и существует ли вообще лечение этой болезни.

В одних странах врачи на родителей выливают все, что думают, самые мрачные прогнозы, причем в самых черных красках. В других, наоборот, молчат как партизаны, боятся даже выразить свое мнение из-за страха перед проверяющими инстанциями или потерей лицензии. В одних странах врачи решают все сами, не оставляя родителям выбора, в других, наоборот, полностью перекладывают ответственность на родителей. И то, и другое сильно травмирует родителей.

Родителям, которые с нетерпением готовились к рождению своего любимого и долгожданного малыша, говорят: "Ничего страшного, родите другого". Разве это сломанный пылесос, который можно вернуть в магазин? Или: "Молодая, еще родишь, этого забудь". Ага, нажал на такую кнопочку в мозгу, "delete" называется, и, как в фильме "Матрица" - новые воспоминания загрузил, а эти, болезненные -

выкинул. Если у родителей уже есть дети, им часто говорят: "Не расстраивайся, у тебя ведь уже есть ребенок/два/три..." Хочется подойти к сказавшему это, встряхнуть его за плечи и предложить самому выбрать, кого из своих детей он бы хотел отпустить в мир иной. Даже дать выбор, хотя у тебя его - выбора - не было. Сразу приходит понимание того, насколько абсурдно такого "утешение".

Некоторые считают, что проще вообще не замечать всего этого, и лучше перейти на другую сторону дороги, чем столкнуться с родителями, потерявшими ребенка. Или, если перейти некуда, то говорить о погоде или о чем угодно, только не о смерти. А зачем лишний раз напоминать? Как-будто такое можно забыть, а ну да, кнопку "delete" ведь уже нажали...

Еще одна новая тенденция - отношение к проблеме людей "просветленных", "духовных". От них можно услышать примерно следующее: "Это твоя карма, смирись". Ага, видимо кнопка "смирение" расположена где-то рядом с "delete". Или "Это все расплата за твои грехи". (Распространенный способ, каким родителей утешают в православной традиции). А так как одна из обязательных стадий горевания - вина, то сразу находишь, в чем была виновата.

Еще вариант утешения: "Бог дал, Бог взял". Ага, очень "поддерживает". Такие глубокие потрясения часто становятся точкой невозврата. Человек может затаить обиду на Бога или вообще прекратить верить в его существование. Атеисты начинают молиться, а люди религиозные, наоборот, теряют веру. И если горюющий - не близкий знакомый, то можно и ошибиться, бросившись утешать атеиста по-религиозному и наоборот. Горюющих обескураживает, когда им говорят: "Я знаю что ты чувствуешь". Откуда ты можешь это знать? Разве у тебя на руках умирал ребенок, которому ты был не в силах помочь? Тебя изнутри раздирала боль такой силы, что хотелось вырвать сердце, лишь бы прекратить чувствовать?

А иногда люди и вовсе не понимают тяжести потери. Можно все

девять месяцев дружить с такой же беременной подругой, видеть ее живого ребенка, знать, как он растет, невольно сравнивать и думать, каким бы был сейчас твой. И вдруг она начинает жаловаться на этого малыша, что он, например, слишком много ест или бегает, слишком много болтает... Ты смотришь на говорящего и думаешь, а понимает ли он, кому он жалуется на своего здорового ребенка? Да ты готов руку и ногу отдать, чтобы твой собственный ребенок тоже много ел или болтал. Хочется разбудить человека от сна, крикнуть: "Эй, цени то, что имеешь, благодари судьбу, ведь у тебя есть то, о чем другие и мечтать не смеют!".

Иногда сочувствующие оптимисты пытаются даже найти что-то хорошее в потере ребенка, как бы ни абсурдно это звучало. Они могут сказать: "Зато у тебя сейчас появилось много свободного времени" или "зато теперь ты сможешь продолжить учебу\выйти на работу\пойти в спортзал..." О да, какая цена теперь этому времени... И использую я его "замечательно" - скорблю и вою от боли.

Появляется резонный вопрос - как тогда поддержать? Самое главное - быть искренним и осознанным. Искренность люди в травме очень чувствуют, они ведь оголенные провода, помните? Когда человек искренне соприкасается с болью другого, он вместо дежурных фраз скажет что-то из глубины души: "Мне так больно было узнать ваши новости", "Мне так жаль", "Я даже не знаю, что сказать, я в шоке, можно тебя обнять/ можно я помолчу с тобой/ знай, что я с тобой", "Я не представляю, как это". Если слов не нашлось, то молча подойти и обнять. На минутку стать опорой, как бы говоря: я держу тебя, ты не один, я с тобой. Но на это нужны силы, смелость на секунду приподнять защитный барьер и поставить себя на месте горюющего. Всегда очень чувствуется, когда говорят банальные фразы, не от сердца, а потому что "надо же что-то сказать".

Очень важный момент - если вы знаете про горе человека и раздумываете: подойти и сказать ему об этом или не говорить, то всегда лучше сказать. Не думайте, что вы причините боль, напомнив о смерти дорогого ему ребенка, об этом и так не забыть. Гораздо сильнее травмирует игнорирование. Родители, потерявшие ребенка, всегда находятся в состоянии физического шока. Они могут перестать есть и пить, а это так нужно, чтобы держаться на плаву. Поэтому, если хотите помочь, подумайте, что практического и полезного можно сделать. Если вы просто спросите, то можете в ответ услышать "чем тут поможешь". Ведь родители сейчас целиком погружены в мысли о потере, они рассуждают с этой точки зрения. Если в семье есть другие дети, то предложите их забрать на пару часов или дней. Если родители против, то можно, например, привезти им еды или что-нибудь приготовить (самим родителям обычно не до этого). Иногда родители и вовсе находятся в реанимации с умирающим ребенком, в некоторых странах там можно быть постоянно. Они забывают про голод и сон, им не до рутинных вещей, которых, однако, никто не отменял. Поэтому часто нужна помощь, особенно, если рядом нет других родственников. С одной стороны, специально навязываться не стоит, с другой стороны, не стоит оставлять их одних.

Если вы хотите поддержать ваших друзей, будьте осознанными, будьте здесь и сейчас, слушайте себя и горюющего. Не давайте советов, если у вас их не просят, не игнорируйте потерю или состояние человека, не делайте вид, что все в порядке и не используйте стандартный набор банальных сочувствующих фраз. Помолчите, если кажется, что так будет лучше. Или, наоборот, задайте вопрос, дайте высказаться, поплачьте вместе, обнимите или просто побудьте рядом, станьте на короткое время этой опорой, за которую можно держаться. Проще всего спросить самого человека: "Тебе хочется поговорить? Или лучше помолчать? О чем ты сейчас думаешь?" Говорите от души, искренне, без банальностей.

Сейчас новая эра - время разрушения закоренелых табу. Дети умирают и рождаются с особенностями развития. К сожалению, это случается не так редко. Не стоит об этом молчать или игнорировать этот факт. Не надо делать вид, что этого горя нет. Мы, как общество, умеем радоваться и поздравлять, но не умеем сочувствовать и выражать свою скорбь. А жизни без смерти не бывает. Это один из этапов жизни, о котором надо говорить. Пожалуйста, не молчите. Обучайте своих детей сочувствию и эмпатии по отношению к окружающим. Боль нельзя замести под коврик. Ее надо проживать и пережевывать, как маленькие кусочки еды, чтобы она могла перевариться, а не гнила годами, и ваша искренняя помощь тут незаменима.

С любовью, Таня Гендальф. В память о моем сыне Александре и других детках, которые покинули этот мир. Помню и люблю.

Когда ты узнаешь, что у твоих знакомых умер ребенок, это шок. Дети не должны умирать, не помню, где прочитала эту фразу. Я помню, то чувство растерянности, когда не знаешь, что сказать близкому человеку, на ум приходит банальное "ну ты держись там", где там? Или хочется вообще не задевать эту тему в разговоре, ну может как-то все само утихнет, чтобы не бередить рану. А между тем, горе, это настолько нелинейный процесс, традиционные стадии горя иногда присутствуют, иногда какой-то из-них нет, а иногда они просто сменяют друг друга, смешиваясь как стеклышки в калейдоскопе.

Что можно сделать, чтобы поддержать родителей в горе?

Найдите, чем помочь

Все думают в первую очередь об эмоциональной поддержке, понятно, что высказать свои соболезнования, проявить сочувствие - все это важно, но иногда важна и другая сторона. Особенно, когда у родителей есть еще другие дети. Подумайте, что вы можете сделать для семьи? Когда горюющего спрашивают, что можно сделать, человек в тумане горя вообще не соображает сейчас, что происходит, трудно даже понять, как вернуться к нормальной жизни, он просто не в силах ответить на ваш вопрос, а может и не хочет как-то утруждать вас.

Подумайте, чем вы можете помочь в плане ежедневной рутины: просто принести готовый обед на всю семью, погулять с собакой, взять детей на прогулку, вынести мусор. В Канаде есть такая популярная традиция, как meal train - это когда несколько человек договариваются и приносят каждый день на протяжении какого-то времени один раз в день какое-то блюдо или даже целый обед, чтобы не нужно было думать хотя бы об этом.

Оставайся на связи

Еще один момент. Сначала, сразу после события, много людей стараются как-то себя проявить, позвонить, прийти, но потом, со временем, общение сходит на нет. Я помню, как мы с мужем оказались в вакууме после потери дочери. Вроде все уже проявили свои соболезнования и больше не выходили на контакт. А мне именно в это время нужно было, чтобы кто-то спросил: "Как ты сегодня?" Знаете как это важно? У меня сейчас есть всего несколько человек, с которыми я могу поговорить о потере, Таня - одна из них. Потому что я знаю, - она поймет. Поймет, что даже через несколько лет после потери может вдруг что-то нахлынуть и ты опять оказываешься в бездне горя. А по мнению окружающих - вроде как уже много времени прошло, пора уже двигаться вперед, чего уж тут опять горевать и трагедию разводить.

Слушай больше, чем говори

Я могу побиться об заклад, что вы не найдете двух людей, которые бы переживали горе одинаково. Даже если у вас тоже был опыт потери. Часто бывает, что хочется поделиться своим горем тоже, рассказать свою историю, но лучше в этой ситуации просто быть рядом и слушать. Если у вас спросили совета, то тогда да, можно что-то рассказать из своего опыта. Сюда же я бы отнесла пожелание воздержаться от критики и советов. Горе - это такой процесс, который каждый по своему переживает и переживает так долго, как им это нужно. Кто-то носит траур целый год или дольше, кто-то бросается в работу, кто-то проходит через очень долгий период депрессии.

Особенно это важно, когда уже прошло какое-то время. Кажется, ну погоревали и хватит, вперед, жизнь продолжается. Потеря ребенка - это боль, которая всегда со мной. Она, может, становится немного меньше со временем, но она не уходит насовсем. Я чувствую, что части меня больше нет. Я не могу перестать скучать по своей дочке или как-то забыть о ней.

Действуй по ситуации

Иногда просто реально не хочется ни с кем разговаривать. Это не значит, что ваша поддержка не нужна, просто нужно прийти с ней в другой раз.

Слушай себя

Очень важный момент. Люди не ожидают, что новости о потере могут всколыхнуть их собственные переживания. Особенно если у человека тоже кто-то умер, но он до конца не прожил свое горе. Надо просто быть готовым к тому, что вы тоже можете погрузиться в свое горе, соприкоснувшись с горем другого человека.

Тем, кто сейчас переживает горе, хочу сказать из личного опыта, что горе - это процесс, который нельзя отменить как-то. Это процесс, который можно отложить. Он приходит волнообразно. Со временем волны становятся пореже и послабее, но они есть. Они не заканчиваются. Я встаю навстречу этим волнам горя и встречаю их с максимально открытым сердцем и проживаю как могу. Скорее из ощущения, что если я задавлю эту волну - работой, таблетками, еще чем-то - она вернется с еще большей силой.

Горе - это выбор. Выбор горевать и проживать этот процесс, выбор жить.

Горе - индивидуально. Найдите свой способ, как уже написала

Таня, кричите, плачьте, пишите письма, зажигайте свечи, отпускайте шарики. Найдите что-то, что поможет вам почувствовать себя чуть-чуть легче.

Слушайте свое сердце и не обращайте так сильно внимание на советы из общества. У каждого найдется тысячи советов как правильно или неправильно что-то делать, в том числе и проживать горе любимого ребенка. Это ваш ребенок, ваше горе.

Связь остается. Моя дочь где-то очень далеко, но связь с ней есть. Она не оборвалась с ее уходом. Вы все равно мама этого ребенка, неважно в каком возрасте он умер, даже если до рождения. Особенно, если он умер до рождения, потому что считается, раз ребенок не родился, то и не было ничего. Было. Вы уже стали его мамой.

Горе такого масштаба притупляет восприятие других проблем. Я отношусь к этому философски. Даже короновирус, пандемия, бесконечные карантины в Канаде не так остро воспринимались.

Для меня горе - это как дно, я погружаюсь в темную бездну, чтобы пережить очередной кусочек потери и, отталкиваясь, возвращаюсь обратно, в надежде принести немного больше света в этот мир, сделать что-то хорошее, стать немного лучше, немного сильнее.

Горе, это своего рода пламя, которое расплавляет металл, но потом из него появляется что-то новое.

Мамы в этой книге все как одна признают: потеря ребенка - это трансформация. Ты словно умираешь вместе с ребенком и становишься другой. Как будто пазл рассыпается на кусочки, и потом его нужно собрать, но уже по-другому. Нужно время чтобы даже элементарно как-то освоиться в этом новом состоянии. Научиться жить заново. Познакомиться с собой новой. Дайте себе это время.

Некоторые психологи выделяют кроме пяти стадий проживания горя еще и шестую стадию: когда возникает желание создать что-то значимое, посвятить что-то памяти своего ребенка. В историях этой книги мамы делятся, что кто-то написал книгу, кто-то разбил сад.

В память о первой потере я садила деревья. Много деревьев. Пока меня не отпустило. В память о Виктории я пишу эту книгу. Для меня эта книга и стала таким символом. Возможно вы найдете тоже что-то свое, что-то, что вы сделаете в память о вашем ребенке.

Обнимаю вас.

С любовью, Вера. В память о моей девочке Виктории и всех детях ангелах.

26

ЭПИЛОГ

Эта книга о горевании. Горевание - это процесс, который может быть очень долгим, даже длинною в жизнь. На английском это называется путешествие, путь горя. Потому что это не прямая, это горы и болота, озера, реки, океаны, волны и перепады температуры. Это волны, которые переворачивают лодку жизни, это ливень и холод и сильная жара. Это цунами и землетрясение, это пожар и потоп. Человек который коснулся с горем меняется во время этого пути. Часто он даже замечает это сам. Он не понимает что с ним происходит, со всей его картиной мира. Все рушится как карточный домик.

Поэтому в первую очередь у меня послание для тех кто хочет поддержать человека в горе. Будьте с ним рядом, сознательно, говорите от всего сердца, без фальши и каких-то избитых слов и фраз. Слушайте его без фильтров. Хочет человек помолчать - окей. Хочет говорить - окей. Может ему нужна помощь по дому, с едой, с детьми? Не всегда помогает спрашивать чем помочь, ведь человек в горе может быть в начале пути - шокирован. Ему сложно понять чем сейчас ему хоть что-то может помочь.

Как вы смогли прочесть в книге, горевание это долгий процесс. Первая день, первая неделя, первый месяц, 40 дней, полгода, год самые тяжелые. У кого-то какой-то этап горевания более длинный чем у других. Не ждите, что пройдет какой-то срок, и человеку станет лучше. У всех все по-разному. Не думайте, что если 40 дней прошло или год, или пять, или десять, - то он будет прежним. Скорее всего он будет другим. Произойдет метаморфоз. Поэтому просто будьте как поддержка, как стена и дерево, на которое можно облокотиться. Благодарю всех, кто поддерживает. Ваша помощь необходима.

Теперь хочу обратиться к тем, кто потерял любимого человека. Я обнимаю вас, это очень, очень тяжело. Все что вы сейчас чувствуете это нормально. Если вообще можно сказать, что что-то может быть нормальным в такой ненормальной ситуации. Как вы смогли прочесть в этой книге, на разном этапе проживания горя могут возникнуть разные эмоции и состояния. Обычно, чем свежее рана, тем пронзительнее боль. Я сравниваю ее с волнами. В самом начале пути эти волны огромные, они сбивают с ног, не дают даже набрать в легкие кислород. Чем больше проходит время, тем расстояния между волнами увеличивается и их размер становится меньше. Уже можно дышать, а также часто можно уже предвидеть эту волну. Например, даты, годовщины и праздники очень болезненные. Можно залечь на дно в эти дни. Также очистить свое общение от токсичных отношений. Слушать себя, быть в моменте сейчас, понимать что мне может сейчас помочь, а от чего можно отказаться. Позвольте себе просить о помощи, позволить себе горевать. Найти подходящее время, место, окружение и давать боли выходить по кусочкам. Позвольте себе верить во что угодно, если это приносит облегчение. Я не верю в случайности. Мне многие говорили что мой Саша изменил их отношение к жизни. Его борьба за каждый вздох показала ценность жизни, расставила в пропорции проблемы и неудачи. Многие поняли, что если сегодня все живы и здоровы, то день прекрасен, можно подойти и обнять любимых, рассказать как они вам важны и дороги. Не обращать внимание на мелкие неприятности, которые портят настроение. Потому что по сравнению с горем потери это все ерунда. Берегите себя и своих близких. Почувствуйте момент сейчас. Пообщайтесь с природой. Будьте с ней одним целым. Позвольте вашему пути горевания стать вашей силой. Возможно сейчас для вас это звучит дико. Но я знаю что я была NICU мама (мама ребенка в неонатальной реанимации), я потеряла ребенка, но я выжила. И,например, ковид меня мало заботит, хотя могло бы быть по-другому, если б у меня не было такого опыта. Я отношусь к мелким неприятностям как к мелочам жизни. "Дело то житейское"- говорил Карлсон. Но пока не побываешь в аду, то не можешь ценить рай. И хоть хочется порой этого не знать, но это наш опыт, и он очень много стоит. Это наш ресурс, да он появился не просто,очень не просто, но он есть, он наш. Поверьте мне.

А пока позвольте себе плакать, бить подушку, писать письма рвать их и сжигать. Проживать боль через тело, через эмоции. Проговаривать, выговаривать. Есть группы поддержки. Говорить тому, кто понимает и проживает похожее. Вы не одни. Нас много, к сожалению нельзя подстелить соломку никому. Жизнь не дает гарантий. Плохие вещи не происходят только с плохими людьми. Бывает в жизни многое.

Я же верю что душа бессмертна, что умирает только тело, а душа как водитель переходит в другую машину, то есть тело. У всего есть смысл, только не всегда можно его понять. Есть жизнь после смерти, так как смерти души нет. В жизни нет случайностей. Возможно наши души договариваются заранее, кто будет играть какую роль. Мы не контролирующие в этом мире, это не наша специализация. Когда мы находимся на дне, нас поддерживают, приходит помощь, даже если мы этого не замечаем. И смерть может быть милосердной, получше жизни. Запомните только одно- берегите свою жизнь, заботьтесь о себе, никогда не опускайте руки. Просите о помощи, ищите помощь, костыли, что угодно только чтобы не упасть. Все в этом мире проходит, и даже ужасная боль. Это говорю вам я, которая пару лет назад не верила, что такое может быть. Жизнь течет, иногда надо лечь на спину и позволить воде вынести на другой берег. Если нет сил плыть, можно найти временный плот. Поверьте мне, даже после ливня горя приходит радуга и солнце. Можно опять почувствовать счастье и свет. Несмотря ни на что. А наши дети всегда есть и будут нашими детьми.

Я очень надеюсь что эта книга будет вам опорой.

Обнимаю вас всех.

Оставляю электронную почту, для обратной связи, если захотите что-то спросить, рассказать свою историю или поддержать этот проект bookgrief@gmail.com.

Таня, мама Саши навсегда. Мама мальчика- ангела с огромными зелеными глазами и безмерной душой.

Я вяжу тебе свитер, очень сильно на вырост
Из надежды и веры: чтобы ты только вырос
Чтоб увидел, как всходит раскаленное солнце
Как ушастые зайцы скачут в твое оконце
Как из рук вытекают вода и песок
Как из яблок зеленых взрывается сок
Чтобы ты побежал босиком по траве
Чтобы плел свои нити па жизни канве
Я вяжу тебе свитер из ласки и смеха
Чтобы ты как-то летом на море поехал
А волна щекотала задорно бы пятки
И с мальчишками ты бы сыграл как-то в прятки
Да случайно влюбился в девчонку смешную
И однажды почувствовал вкус поцелуя

И когда я состарюсь и стану ворчать
Ты пришел на минуту всего лишь обнять
Рассказать что-нибудь, но начав словом "мама"
Чтобы стал добрым, сильным, и даже упрямым
Чтобы лазил по яблоням, крышам, горам
Повидал Петербург и еще Амстердам
Рвал ромашки на поле и груши в саду
Чтобы пальцы в мазуте, в зеленке, в меду
Чтобы в твой день рожденья сказать: как ты вырос!
Я вяжу тебе свитер. Очень сильно на вырост.

18.10.12 Автор: Ирина Мельник

www.ingramcontent.com/pod-product-compliance
Lightning Source LLC
Chambersburg PA
CBHW051829160426
43209CB00006B/1098